서양 스트리트 댄스의 역사

자유와 열정의 문화가 키워 낸 찬란한 꽃 스트리트 댄스

서양 스트리트 댄스의 역사
ⓒ 2023 박성진

1판 1쇄 발행 2023년 8월 30일
1판 2쇄 발행 2024년 2월 20일

지 은 이 박성진
펴 낸 이 김재문

총괄책임 진호범
편   집 김동진 정초희
디 자 인 최재원
펴 낸 곳 출판그룹 상상
출판등록 2010년 5월 27일 제2010-000116호
주   소 (06646) 서울시 서초구 반포대로28길 42, 6층
전자우편 story@sangsang21.com
홈페이지 www.sangsang21.com
페이스북 facebook.com/sangsangbookclub
인스타그램 @sangsangbookclub
대표전화 02-588-4589 | 팩스 02-588-3589

ISBN 979-11-91197-85-3 (03680)

서양
스트리트
댄스의
역사

박성진 지음
aka Mr.Snakewave

상상

일러두기

1. 책에 서술된 내용은 저자가 직접 마스터 댄서, 마스터 크루와 인터뷰한 내용을 중심으로 구성되어 있으며, 마스터 크루가 운영하는 홈페이지 및 유튜브 채널의 정보들을 참고, 인용하여 최대한 사실에 가까운 내용만 기술하였습니다.

2. 외래어는 국립국어원의 표준국어대사전과 외래어 표기법, 규정 용례에 따라 표기하였고, 영화의 경우에는 국내에 배급된 제목을 따랐습니다. 다만 통용되는 표기와 차이가 심해 이해에 지장이 생긴다고 판단한 경우에는 일반적으로 사용하는 방식으로 표기하였습니다.

3. 책에 포함된 이미지들 중 일부는 독자의 이해를 돕기 위해 연출된 것들입니다.

머리말

    스트리트 댄스street dance는 1960년대 이후 스트리트 컬처street culture[1]에서 파생된 춤이다. 자유를 추구하는 문화에 기반한 만큼, 스트리트 댄스는 시대별로 유행하고 발전한 대중문화와 밀접한 연관을 가지고 있다는 점과 스튜디오 안에서 인위적으로 만들어낸 춤이 아닌, 문화 안에서 자연스럽고 자유롭게 생성, 발전했다는 점에서 기존의 무용과는 차별점을 갖고 있다고 할 수 있다.

    1970~1980년대 미국의 젊은이들 사이에서 스트리트 댄스가 유행처럼 번졌고 음악의 발전과 함께 다양한 장르의 춤들이 나타나며 세계적으로 확산되었다. 스트리트 댄스는 자신의 몸을 악기화하여 음악을 자유롭게 연주한다는 개념을 모토로 즉흥적 움직임을 중요하게 생각하며, 프리스타일, 배틀, 퍼포먼스 등 여러 형태로 발

---

1   도시 환경에서 자라는 젊은이들 간의 공통되는 가치관과 자유로운 생활 양식(YBM 올인올 영한사전).

전해 오고 있다.

생성기인 1960년대 이전에도 시대별로 유행했던 여러 형태의 스트리트 댄스가 있었으나 단순히 유행하는 춤을 넘어 스타일로 인정받아 지금까지 사람들에게 향유되고 있는 대표적인 스타일 파핑, 락킹, 브레이킹, 와킹, 프리스타일 힙합, 하우스, 댄스홀, 크럼프 등의 역사를 주요 내용으로 다루고 있다.

이 책에 나오는 장르 및 인물 소개, 역사적 사건 등의 내용들은 수십 명에 달하는 마스터 댄서master dancer[2], 마스터 크루master crew[3]와 저자가 직접 시행한 인터뷰를 통해서 확보된 내용들 위주로 서술하였고 장르별 마스터 크루의 홈페이지 및 유튜브 채널, 다큐멘터리에 소개된 내용들을 참고하였다. 스트리트 댄스의 탄생과 문화적

---

2   특정 스타일의 창시자나 가장 수준이 높은 댄서.
3   특정 스타일을 창시했거나 가장 수준이 높은 단체.

배경, 발전의 의미를 살펴봄으로써 많은 댄서들의 노력을 기억하고 조금 더 춤의 본질에 다가갈 수 있기를 기대한다.

본 저자는 1984년 마이클 잭슨의 뮤직비디오와 영화 <플래시댄스Flashdance>, <브레이킹Breakin'>, <브레이킹 2Breakin' 2: Electric Boogaloo>를 통해 스트리트 댄스를 접한 후 오랜 시간 스트리트 댄스를 춰 왔으며, 2001년 파핑, 웨이브 애니메이션 스타일 마스터인 팝 '앤' 타코, 부갈루 마스터 스키터 래빗에게 사사를 받았고 파핑, 락킹, 와킹, 프리스타일 힙합 댄스 등 여러 장르의 해외 댄서들과 교류하며 오리지널 스타일[4] 스트리트 댄스의 국내 전파에 앞장서 왔다.

1999년 스트리트 댄스 크루 위너스를 창단하여 활발한 활동을 하고 있고 2018년 평창 동계패럴림픽 개회식

---

4 본래의 방식, 독창적인 스타일.

에 안무 제작 감독을 맡아 100여 명의 스트리트 댄서들의 공연을 연출하기도 하였다. 또한 국내 최초 실용무용전공 4년제 대학인 서경대학교에서 무용예술학부 실용무용전공 주임교수로서 후학들을 양성하고 있다.

이런 오랜 경험을 통해 얻어진 스트리트 댄스의 지식들을 한국의 스트리트 댄서, 전공자 및 스트리트 댄스를 사랑하는 많은 분들께 알리기 위해 이 책을 집필하게 되었다. 그동안 구전으로 혹은 TV나 영화 등의 매체에서 잘못 알려진 수많은 스트리트 댄스에 관련된 오류들을 바로잡을 수 있는 계기가 되길 바란다.

이 책의 집필을 위해 여러 가지로 애써준 연구원 여러분들과 제게 영향을 준 스승님들, 마지막으로 사랑하는 가족들에게 감사의 마음을 전한다.

2023년 여름
박성진

차례

머리말 _006

파핑 댄스 014

파핑 댄스의 정의 _016
파핑 댄스의 역사 _017
대표적 인물 _031
파핑 댄스의 스타일과 특징 _048

락킹 댄스 054

락킹 댄스의 정의 _056
락킹 댄스의 역사 _056
대표적 인물 _066
락킹 댄스의 특징 _078

브레이킹

082

브레이킹의 정의 _084

브레이킹의 역사 _085

대표적 인물 _093

브레이킹의 특징 _098

와킹 댄스

114

와킹 댄스의 정의 _116

와킹 댄스의 역사 _116

대표적 인물 _122

와킹 댄스의 특징 _128

프리스타일 힙합 댄스 132

힙합의 정의 _134
프리스타일 힙합 댄스의 역사 _137
대표적 인물 _146
걸스 힙합 _153
프리스타일 힙합 댄스의 특징 _155

하우스 댄스 160

하우스 댄스의 정의 _162
하우스 댄스의 역사 _162
대표적 인물 _166
하우스 댄스의 특징 _172

크럼프

174

크럼프의 정의 _176

크럼프의 역사 _177

대표적 인물 _180

크럼프의 특징 _182

댄스홀

184

댄스홀의 정의 _186

댄스홀의 역사 _186

대표적 인물 _191

댄스홀의 특징 _194

부록

스트리트 댄스 연대표 _200

흑인 음악(블랙 뮤직)과 스트리트 댄스의 상관관계표 _204

참고 자료 _206

파핑 댄스

POPPING
LOCKING
BREAKING
WAACKING
FREESTYLE HIPHOP
HOUSE
KRUMP
DANCEHALL

파핑 댄스의 정의

파핑 댄스popping dance는 팝pop이라는 테크닉을 이용해 음악의 비트에 맞추어 추는 춤이다. 팝은 근육의 수축과 이완을 이용해 몸을 튕기는 듯한 느낌을 주는 기술을 말한다. 파핑 댄스는 비트가 강한 펑크 음악을 기반으로 발전하였다.

'파핑popping'이라는 용어는 일렉트릭 부갈루스Electric Boogaloos의 부갈루 샘Boogaloo Sam이 만들어서 사용하였지만 이러한 신비한 느낌이 나는 테크닉은 샌프란시스코San Francisco와 오클랜드 베이Oakland Bay 지역에서부터 생겨났으며 '부갈루boogaloo'라는 용어 또한 댄스를 뜻하는 단어 혹은 특정인의 춤을 뜻하는 용어 등 다양한 의미로 부갈루 샘 등장 이전부터 사용되고 있었다. 파핑 춤의 특성상 비트와 비트를 연결하는 연결 고리적 움직임을 필요로 하여 웨이브wave, 부갈루, 애니메이션 animation 등 독립된 스타일로 탄생하고 발전해 온 춤에 파핑을 접목하는 형태로 발전하였다. 이에 따라 파핑의 스타일을 웨이브 스타일 파핑, 부갈루 스타일 파핑, 애니

서양 스트리트 댄스의 역사

메이션 스타일 파핑 등으로 구분하기도 한다.

파핑 댄스의 역사

① 부갈루의 유래

'부갈루'는 오클랜드 부갈루, 일렉트릭 부갈루 등 파핑의 스타일이나 파핑 댄서를 지칭할 때 자주 사용되는 단어이다. 이는 파핑의 탄생이 부갈루와 깊은 연관이 있기 때문이다. 따라서 파핑의 역사를 탐구하기 전에 부갈루의 유래를 먼저 짚어야 할 필요성이 있다. 부갈루 용어의 유래는 다음과 같다.

첫째, '부갈루'라는 용어의 초기 사용 중 하나는 부기우기boogie-woogie 피아니스트인 에이비 '부갈루' 에임스 Abie 'Boogaloo' Ames를 중심으로 한 것으로 보인다. 부기우기란 저음의 리듬이 계속되며 간단한 멜로디가 화려하게 변주되는 곡으로, 한 소절을 8박으로 연주하는 블루스에서 파생된 재즈 음악의 한 가지 형식이다. 부갈루 에임스가 유명해지면서 부갈루라는 말 역시 대중에게 알려지기 시작했다.

둘째, 1965년 R&Brhythm & blues 듀오 톰 앤 제리-오 Tom and Jerry-O의 히트 싱글 <부갈루Boo-Ga-Loo> 음반은 출시된 후 100만 장이 팔리며 크게 성공하였다. 이에 따

톰 앤 제리-오의 부갈루 앨범 (연출된 이미지)

라 부갈루라는 용어가 미국에 퍼지기 시작했는데, 특히 흑인 커뮤니티에서 널리 알려지게 되었고 그 당시 젊은 흑인들의 속어로 쓰이며 댄스를 지칭하는 어휘가 되었다. 부갈루라는 용어가 퍼지는 동안 흑인 사회 내에서 새로운 댄스 무브들이 탄생하였으며 사람들은 그들의 독특한 춤 문화를 가리키기 위해 부갈루라는 속어를 채택했다.

셋째, 부갈루의 어원을 R&B와 라틴 리듬이 섞여 탄생한, 라틴 포크의 선구자라고 할 수 있는 음악 스타일을 일컫는 말 '부갈루'에서 비롯되었다고 보는 시각도 있다.

서양 스트리트 댄스의 역사

② 초기 파핑 댄스 스타일

1960년대 중후반 캘리포니아California 샌프란시스코에서 오클랜드 부갈루oakland boogaloo, 스트러팅strutting, 필모어fillmore 스타일로 불리는 파핑의 3가지 스타일이 생겨나기 시작했다.

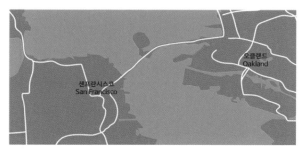

샌프란시스코와 오클랜드

첫째는 오클랜드 부갈루 스타일이다. 오클랜드 부갈루 스타일은 오클랜드 베이 지역을 중심으로 1965년 덕Duck이라는 예명으로 유명한 도널드 매슈스Donald Matthews, 리틀 윌리Little Willy와 몇몇의 댄서들에 의해 최초로 시작되었다. 그 당시 그들의 영상들을 보면 현재 파핑이라고 불리는 테크닉을 여러 움직임 안에 사용하고 있었으며 그것들을 히팅hitting 혹은 버긴buggin, 커틴 업cuttin up이라는 다양한 용어로 명칭하였다.

오클랜드 부갈루를 대표하는 팀으로는 더 블랙 리서전트The Black Resurgents, 더 블랙 메신저스The Black Messengers 등이 있으며, 더 블랙 리서전트는 <더 제이 페이턴 쇼The Jay Payton Show>에 출연하였고, 더 블랙 메신저스는 <공 쇼Gong Show>라는 TV 쇼에 출연하여 이름을 알렸다.

더 블랙 메신저스는 1972년에 데뷔하였다. 이는 더 락커스The Lockers의 TV 쇼 <소울 트레인Soul Train>[5] 출연보다 1년 빠른 것이며 춤의 생성이 1965년으로 기록되어

---

5 1971년 10월 2일부터 2006년 3월 27일까지 35년 가까이 미국 전역에 방영된 미국의 뮤직 댄스 프로그램. R&B, 소울, 댄스, 팝, 힙합, 펑크funk, 재즈, 디스코 등 다양한 장르의 아티스트가 출연했으며, 흑인 음악 방송의 전설과 같은 프로그램이다. 특히 댄스 콘테스트가 자주 있었으며, 당시 댄서들은 <소울 트레인>을 통해 새로운 춤을 만들어 유행을 시켰다. 80년대에는 국내에서도 AFKN(주한 미군 방송)을 통해 매주 토요일마다 방송되었고, 이 방송을 통해 90년대에 데뷔한 많은 국내 뮤지션들이 영감을 받았다.

서양 스트리트 댄스의 역사

더 블랙 리서전트(The Black Resurgents)의 활동 사진
(각각 1970, 1976)

더 블랙 리서전트의 멤버였던
윌리엄 랜돌프(William Randolph)와
그의 형제 빅 랜돌프(Vic Randolph)

더 블랙 리서전트의
〈Through the Years〉

있어서 스트리트 댄스 스타일 중에 서부의 락킹locking, 동부의 업 록up rock과 함께 가장 오래된 춤이라고 할 수 있겠다. 더 블랙 메신저스는 커니 메이어스Kerney Mayers, 존 머피John Murphy, 마이클 카터Michael Carter, 마를란Marlan으로 시작하여 한 번 해체되었다가 커니 메이

어스, 존 머피, 척 파웰Chuck Powell이 다시 팀을 꾸리게 되었다. 멤버로는 도니 월리스Donny Wallace, 조리 워커 Jory Walker 등이 있다.

두 번째인 스트러팅 스타일 역시 오클랜드에서 시작 되었다. 1973년 오클랜드 전역에는 부갈루 스타일 댄서 들이 많이 있었고, 부갈루 그룹인 에이시스 오브 소울 Aces of Soul, 더 블랙 메신저스 그리고 더 블랙 리서전트 가 지역 탤런트 쇼에서 대결을 펼치고 있었다. 오클랜드 의 10대 소년 도널드 존스Donald Jones는 부갈루 댄서로, 악명 높은 배틀러로 통했다.

도널드 존스는 1974년 더 블랙 메신저스와 공연한 후 그의 남동생 알프레드와 두 명의 친구들과 함께 더 로 보트로이드The Robotroids라는 팀을 결성했다. 도널드는 JROTCJunior Reserve Officers' Training Corps[6] 훈련에서 습 득한 요소를 가져와 그룹 스테핑stepping 안무[7]에 포함시

---

6 청소년 학군단의 약자로, 청소년인 학생에게 실시하는 미국의 군사 교육 프로그램을 말한다.

7 스트리트 컬처에서 나온 댄스 중 하나로 스텝 즉, 발을 구르거 나 박수와 신체를 터치하며 내는 소리로 박자를 만들고 구호나

서양 스트리트 댄스의 역사

필모어 오디토리엄(Fillmore Auditorium)
(연출된 이미지)

컸다. 그들은 지역 탤런트 쇼에서 공연을 했고 지역 내에서 유명세를 얻기 시작했다. 1975년 더 로보트로이드는 샌프란시스코의 필모어 오디토리엄Fillmore Auditorium에서 열리는 탤런트 쇼에 참가하기 위해 오클랜드를 떠난다..

그래니Granny라는 예명을 쓰던 데버라 존슨Deborah Johnson이 그룹 매니저가 되면서 더 로보트로이드는 이름을 그래니 & 로보트로이드 주식회사Granny & Robotroid

---

멘트를 샤우팅하며 스왜그를 뽐내는 춤.

파핑 댄스

Inc. (이하 '그래니 & 로보트로이드')로 바꾸었다. 1976년 그래니 & 로보트로이드는 가족 친화적인 주제로 TV 쇼 <공 쇼>에 출연하여 샌프란시스코 전역에 스트러팅 스타일 파핑을 소개하는 데 중요한 역할을 했다. 그래니는 스트러팅이라는 용어를 만든 주역이기도 하다. 대형을 만들어 팔을 교차하며 안무를 하는 스트러팅 스타일은 샌프란시스코를 대표하는 춤이 되었다.

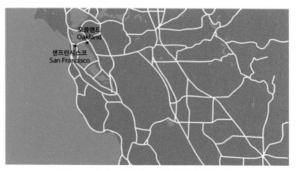

초기 파핑의 발상지인 샌프란시스코와 오클랜드

샌프란시스코의 웨스턴 어디션 필모어Western Addition Fillmore 지역 사람들은 그룹 스테핑 안무에 스트러팅을 채택했고 샌프란시스코 여러 지역에서 스트러팅이 전체

서양 스트리트 댄스의 역사

댄스를 뜻하는 포괄적인 용어로 사용될 만큼 많은 이들에게 각광받았다. 그래니 & 로보트로이드는 샌프란시스코에서 지역 유명 인사가 되었다. 웨스턴 어디션의 청소년들은 그들의 뒤를 따랐고, 장기 자랑에서 경쟁하며 독자적인 스트러팅 그룹을 형성했다. 오클랜드의 부갈루 씬scene이 성행하는 동안 샌프란시스코는 스트러팅으로 그들만의 모습을 만들어내고 있었다.

마지막은 필모어 스타일이다. 오클랜드 브룩필드 빌리지Brookfield Village에서 부갈루 댄서로 이름을 날리던 벤자민 제임스Benjamin James는 자신만의 부갈루 버전을 생각해낸다. 벤자민은 오클랜드를 떠나 스트러팅의 경쟁이 치열했던 샌프란시스코 웨스턴 어디션 필모어 지역으로 이적한다. 그는 자신의 독특한 부갈루 스타일을 커뮤니티에서 선보였고 빠르게 입소문이 났다. 다양한 셔플, 빠른 회전, 부드러운 글라이드를 하면서 다임 스톱 dime stop[8] 포즈까지 취하는 벤자민의 혁신적인 움직임에

---

8   길을 걸어가다 땅에 떨어져 있는 미주 동전(다임dime)을 발견했

파핑 댄스

청년들은 열광했고, 많은 영감을 받았다. 팔을 넓게 벌리는 확장된 포즈와 움직임이 특징인 그의 스타일을 지역의 이름을 따 필모어라고 부르기 시작했다.

데몬스 오브 더 마인드(Demons of the Mind)

이들의 뒤를 이어 베이 에어리어Bey Area와 샌프란시스코 등을 무대로 부갈루와 스트러팅, 로봇 스타일을 섭렵했던 데몬스 오브 더 마인드Demons of the Mind가 활발한 활동을 했다. 래리 맥도널드Larry McDonald가 1978년

을 때 순간적으로 멈추는 모습을 파핑을 이용해 묘사한 테크닉.

서양 스트리트 댄스의 역사

에 결성한 이 그룹은 <쇼타임 엣 더 아폴로Showtime at the Apollo>를 포함한 TV 쇼 출연과 공연 무대를 위주로 활발한 활동을 펼쳤다. 이들의 활동은 샌프란시스코와 서부 해안을 중심으로 오클랜드 부갈루, 스트러팅, 필모어 등 여러 스트리트 댄스 스타일에 많은 영향을 미치게 된다.

③ 파핑의 발전 및 전파

1960년대 캘리포니아 프레즈노Fresno의 부갈루 샘은 제임스 브라운James Brown의 영향을 받아 당시 유행하던 춤을 추고 있었다. 그의 삼촌이 부갈루를 춰 보라고 권유한 것을 계기로 부갈루를 추게 되었다. 그가 당시 유행하던 저크jerk[9] 동작을 하며 내던 소리Pop! Pop!가 '파핑popping'이라는 용어를 만드는 계기가 되었다.

부갈루 샘은 1973년 TV 쇼 <소울 트레인>에서 더 락커스를 보게 되었고 더 락커스의 멤버가 각자 자신만의 독특한 춤 스타일을 갖고 있는 것에 영향을 받아 1977년

---

9 당시 유행하던 파티 댄스의 한 종류.

네이트 존슨Nate Johnson, 조엘 토마스Joel Thomas와 함께 일렉트로닉 부갈루 락커스Electronic Boogaloo Lockers를 만들었다.

로봇 조Robot Joe, 토이맨 스킷Toyman Skeet, 트위스트-오-플렉스 돈Twist-O-Flex Don, 티킨 윌Tickin Will, 로킨 랜Lockin Ran 등의 1세대 멤버가 함께했고 이들은 함께 잼jam을 하며 각자의 스타일을 담당하고 각 동작의 이름을 지었다. 1978년 멤버 교체가 이뤄졌고 파핀 피트Popin Pete, 티킨 데크Tickin Deck, 스케어크로우 스컬리Scarecrow Scully, 대릴Darryl, 킹 래틀러King Rattler, 퍼펫 부저Puppet Boozer, 로봇 데인Robot Dane, 크리핀 시드Creepin Sid 등이 2세대 멤버로 활동을 하였다.

1978년 더 락커스와 이름이 유사하다는 이유로 일렉트릭 부갈루스Electric Boogaloos[10]로 팀명을 변경한 후 부갈루 샘, 파핀 피트, 크리핀 시드, 로봇 데인, 퍼펫 부저는 <소울 트레인>에 출연하며 파핑을 알리기 시작했다

---

10 파핑의 마스터 크루로, 일렉트릭(1970년대 파핑을 뜻하는 다른 이름) 부갈루스(부갈루 춤을 추는 사람들)이라는 의미이다.

서양 스트리트 댄스의 역사

(당시에는 일렉트로닉 부갈루 락커스로 활동하다 후에 일렉트릭 부갈루스로 이름을 변경하였다).

1980년에는 사촌 형제인 스키터 래빗이 합류하여 <소울 트레인>에 출연하였는데 이때를 기점으로 다양한 파핑 댄서들이 쇼케이스를 하기 시작했다. 1990년대에 이르러서 일렉트릭 부갈루스는 부갈루 샘, 파핀 피트, 스키터 래빗, 팝 '앤' 타코Pop 'N' Taco, 슈가 팝Suga Pop, 미스터 위글스Mr. Wiggles로 멤버를 확정하고 전 세계의 파핑 댄서들에게 영향을 미치며 다양한 활동을 하였다. 파핑을 접하는 이들이 보편적으로 접하게 되는 프레즈노[11]는 일렉트릭 부갈루스의 고유 루틴인 프레즈노 루틴의 가장 처음 동작이며, 이것을 만들어낸 일렉트릭 부갈루스는 영화 출연 및 다양한 공연 활동, 마이클 잭슨Michael Jackson의 안무 제작, 뮤직비디오 출연 및 댄스 트레이닝 등의 활동을 통해 파핑 댄스 보급에 앞장섰다.

---

11 부갈루 샘이 만든, 프레즈노 지역을 대표하는 짧은 파핑 안무(루틴). 팔을 번갈아 들며 팝을 하는 동시에 다리의 중심을 이동하며 리듬을 타는 파핑의 기본 동작으로 시작된다.

파핑 댄스

전 세계를 왕래하며 파핑 댄스를 전파하는 데 기여한 일렉트릭 부갈루스는 마스터 크루로 왕성한 활동을 하였고 현재까지도 많은 영감을 주고 있는 명실상부한 세계 최고의 파핑 팀이다. 2012년 1월 25일 일렉트릭 부갈루스는 <더 카니발: 코레오그래퍼스 볼The Carnival: Choreographer's Ball>[12] 13주년 기념 쇼에서 토니 배질Toni Basil에게 댄스 스타일 대중화에 기여한 부분을 인정받아 평생 공로상을 받기도 하였다.

파핑이 대중에게 알려지게 된 계기는 크게 3가지로 요약할 수 있다. 첫째, 1977년 일렉트릭 부갈루스의 <소울 트레인> 출연. 둘째, <플래시댄스Flashdance>(1983), <브레이킹Breakin'>(1984), <브레이킹 2Breakin' 2: Electric Boogaloo>(1984), <비트 스트리트Beat Street>(1984) 등 파핑을 소재로 한 영화의 유행. 셋째, 마이클 잭슨의 퍼포먼스.

1978년 일렉트릭 부갈루스의 TV 쇼 <소울 트레인> 출

---

12 미국 남부 캘리포니아의 가장 오래된 댄스 쇼이며 매달 세계 최고의 엘리트 안무가들이 참여하는 축제이다.

서양 스트리트 댄스의 역사

연은 파핑을 대중에게 알리는 계기가 되었다. 이후 파핑 댄스를 소재로 한 여러 영화들이 개봉하면서 대중에게 전파되기 시작했고, 팝의 황제 마이클 잭슨의 앨범 〈스릴러Thriller〉, 〈스무스 크리미널Smooth Criminal〉 등을 비롯하여 마이클 잭슨의 움직임(파핑 테크닉)을 따라 하는 전 세계의 젊은이들에 의해 파핑 문화는 정점을 이루었다.

대표적 인물

① 부갈루 샘Boogaloo Sam

파핑 댄스와 부갈루 스타일의 마스터 부갈루 샘. 본명은 샘 솔로몬Sam Solomon으로 1977년 일렉트로닉 부갈루 락커스를 창단했다. 제임스 브라운의 음악과 〈소울트레인〉에 출연한 더 락커스의 영향을 받은 샘은 트위스트, 저크 등을 그의 삼촌으로부터 배웠다. 부갈루를 춰보라는 삼촌의 제안을 들은 후 자신이 배웠던 춤과 함께 저크 동작을 취하는 동시에 입으로 "팝Pop! 팝Pop!" 소리

부갈루 샘(Boogaloo Sam)

를 내며 춤을 추었던 것이 파핑popping이라는 말의 기원으로 알려져 있다.

이후, 그의 친동생인 파핀 피트, 사촌 동생인 스키터 래빗 등과 함께 일렉트릭 부갈루스로 활동하였고 부갈루 스타일 파핑 댄스의 표본이 되고 있다. 파핑이 로봇과 같은 느낌을 주는 단순한 테크닉이 아닌 음악과 함께 추는 댄스라는 평범하면서도 비범한 개념을 심어준 명실상부한 파핑 댄스의 전설이다.

② 파핀 피트Popin Pete

본명 티머시 얼 솔로몬Timothy Earl Solomon, 파핀 피트는 파핑 댄서들에게 가장 큰 영향을 미친 마스터 중 한 명이다. 1978년부터 현재까지 일렉트릭 부갈루스 멤버로 활동하고 있으며 팝과 레그롤regroll을 믹스하는 특유의 움직임을 가지고 있다.

서양 스트리트 댄스의 역사

파핀 피트(Popin Pete)의 〈펑크 스타일러스 배틀〉[13] 저지 쇼(judge show)

2000년 초반부터 일렉트릭 부갈루스 멤버로서 전 세계를 돌며 쇼케이스, 워크숍을 통해 파핑 댄스를 알리고 발전시키는 데 많은 공헌을 했다. 강한 팝과 섬세한 음악 표현을 주로 하는 파핑 스타일을 추구하며 그러한 피트의 춤의 특성은 현대 파핑 댄서들에게 많은 영향을 주고 있다. 친형인 부갈루 샘에게 사사받았으나 그의 영역을 넘어서 자신만의 독자적 예술 세계를 확실히 그려낸

13 2004년 2월 첫 행사를 시작으로 2023년 19년째를 맞이한 행사. 수많은 댄서들이 참가해 온 행사로 현존하는 전설적인 마스터 댄서들이 심사 위원으로 구성된다. 심사와 워크숍 등을 통해 대한민국에 최고 수준의 스트리트 댄스를 소개해 온 전통 있는 행사이다.

파핑 댄스

최고의 파핑 댄서 중 한 명이다.

또한 마이클 잭슨, 크리스 브라운Chris Brown, 저스틴 팀버레이크Justin Timberlake, 그웬 스테파니Gwen Stefani, 미아M.I.A, 더 블랙 아이드 피스The Black Eyed Peas, 자넷 잭슨Janet Jackson과 같은 아티스트와 함께 꾸준히 협업하였고 현재까지도 활발하게 활동을 지속하고 있다.

③ 스키터 래빗Skeeter Rabbit

스키터 래빗(Skeeter Rabbit)

본명 스티븐 마크 니콜라스Stephen Mark Nicholas, 스키터 래빗은 LA 출신으로 부갈루 샘과 파핀 피트의 사촌 형제이다. 본래 락킹을 좋아하여 OG 스키터 래빗OG

서양 스트리트 댄스의 역사

Skeeter Rabbit[14]의 동작을 따라 하게 된 것을 계기로 리틀 스키터 래빗Little Skeeter Rabbit 또는 스키터 주니어Skeeter Jr.로 불리게 되었다. 그 후 본인이 스키터 래빗이라는 이름을 사용하였고, 춤추는 걸 좋아했던 샘과 피트가 롱비치Long Beach로 이사를 가면서 같이 생활하며 자연스럽게 그들과 함께 활동하게 되었다.

스키터 래빗은 샘의 춤 스타일을 일컫는 프레즈노 부갈루 스타일을 롤roll과 모멘텀momentum, 중심 이동 등 움직임의 원리를 강조하여 물이 흐르듯 자연스럽게 추는 다양한 형태의 부갈루 스타일로 발전시켰고, 피트와 함께 세계를 왕래하며 많은 댄서들에게 파핑과 부갈루의 역사, 개념, 원리 등을 직접 가르치며 제자들을 양성하였다.

파핑을 추는 모든 댄서들을 사랑하고 존경하였던 스키터 래빗은 모두가 더욱 수준 높고 창조적인 파핑 댄스를 출 수 있기를 소원하였다. 스키터 래빗은 부갈루 스

---

14 본명은 제임스 히긴스James Higgins로, 락킹 스텝 스키터 래빗 skeeter rabbit을 창시한 댄서다.

파핑 댄스

타일 파핑 댄스의 수준을 한 차원 높인 천재적 댄서이다. 이처럼 활발하게 활동을 하던 스키터 래빗은 2006년에 불의의 사고로 생을 마감하였다.

④ 팝 '앤' 타코Pop 'N' Taco

팝 '앤' 타코(Pop 'N' Taco)

멕시칸계 미국인으로 본명은 브루노 팰컨Bruno Falcon이다. 타코라는 이름은 멕시칸 댄서 중 춤을 가장 잘 춘다는 의미에서, 또 다른 닉네임인 킹 스네이크King Snake는 스네이커snaker[15] 중 가장 수준이 높다는 의미에서 붙여진 이름이다. 영화 <브레이킹>, <브레이킹 2>를 통해서 전 세계에 이름을 알리게 되었

---

15 스네이킹snaking을 추는 사람들을 일컫는 말. 스네이킹은 목, 가슴, 골반을 동시에 롤링하며 웨이브와 함께 추는 펑크 스타일 댄스다.

서양 스트리트 댄스의 역사

팝 '앤' 타코(Pop 'N' Taco)의 내한 워크숍

고, 실제로 부갈루 슈림프와 더불어 웨이브 & 애니메이션 스타일 파핑의 유행을 일으킨 장본인이다. 부갈루 샘과 파핀 피트에게 배운 부갈루와 명실상부 세계 최고의 웨이브를 섞어서 펑크 음악에 맞춰 춤을 추며 애니메이션을 접목하는 그만의 유니크한 댄스 스타일을 완성하였다.

팝 '앤' 타코는 1982년~1983년 라이오널 리치Lionel Richie의 투어에 합류하게 되어, 부갈루 슈림프Boogaloo Shrimp, 샤바-두Shabba-Doo와 함께 투어를 하였고 샤바-두, 조엘 프리드먼Joel Friedman과 함께 안무가로 활동을 하고 있던 도중 라이오널 리치의 <올 나이트 롱All Night Long>이라는 비디오를 촬영하였다. 1983년 이 비디오를 본 마이클 잭슨은 타코를 초대했고 이후, 타코는 선생님으로, 안무가로, 댄서로 마이클 잭슨과 함께 활동하였다.

타코는 오랜 기간 마이클 잭슨과 활동을 하면서도 일렉트릭 부갈루스와 지속적인 교류를 하였고 1997년 정식으로 일렉트릭 부갈루스의 팀원이 되었다. 많은 댄서들에게 이 당시의 일렉트릭 부갈루스(부갈루 샘, 파핀 피트, 스키터 래빗, 팝 '앤' 타코, 슈가 팝, 미스터 위글스)가 전 세계 파핑사에 남을 최고의 전성기를 맞았던 것으로 회자된다. 타코는 영화와 여러 유명 가수들의 뮤직비디오, 콘서트 등을 통해 사실상 전 세계에 가장 강력한 영향력을 가지고 파핑을 전파한 장본인이라 할 수 있겠다. 저자의 오랜 스승이기도 하며 한국에 오리지널 웨이브, 애니메이션 파핑을 전파해 준 댄서이다.

팝 '앤' 타코는 수준 높으면서도 자유롭게 춤을 추기 위해 파운데이션(기본기)의 중요성을 강조했으며, 자신에게 영향을 받은 춤에 자신만의 매직(재능)을 살려 개성 있는 춤을 추도록 노력하라고 가르쳤다. 스트리트 댄스의 미학적 완성도를 높인 최고의 아티스트 중 한 명인

서양 스트리트 댄스의 역사

타코는 2022년 7월 3일 건강상의 문제로 위대한 생을 마감하였다.

⑤ 슈가 팝Suga Pop

〈펑크 스타일러스 배틀〉 심사 위원으로 내한한 슈가 팝(Suga Pop)

슈가 팝, 본명은 다니엘-실바 스티븐 파시Daniells-Silva Steven Pasi로 락킹 댄서였으나 파핀 피트를 만나 파핑을 배운 뒤, 파핑과 락킹 댄서로 활동하였다. 1980년대부터 일렉트릭 부갈루스와 함께 활동을 해오다가 1997년 공식적으로 팀에 합류하게 된다.

일렉트릭 부갈루스의 비즈니스를 담당하였고 1980년대~1990년대 수많은 아티스트들(마이클 잭슨, 제임스 브라운, 라이오널 리치, 자넷 잭슨, 실라 E.)의 댄서로 순회공연을 하였다. 음악 컬래버레이션collaboration 및 프로듀싱에도 도전했으며 어 트라이브 콜드 퀘스트A Tribe Called Quest, 데 라 소울De La Soul, 앰프 피들러Amp Fiddler, 사이프러스 힐Cypress Hill, 브랜드 누비언Brand Nubian, 엘 엘 쿨 제이LL Cool J, 서드 베이스Third Bass, 부-야 트라이 브Boo-Yaa T.R.I.B.E.와 함께 활동했다. 또한 2011년에는 자신의 싱글 <마이 슈가My Suga>를 제작하고 발표했다.

슈가 팝은 파핑 댄스뿐만 아니라 오리지널 락킹 댄서 로도 활동했으며 여러 가지 쇼 비즈니스 활동을 도모하 여 스트리트 댄스 씬에 많은 기회를 불어넣었다. 파핑과 락킹 씬에서 모두 존경받는 레전드이다.

⑥ 미스터 위글스Mr. Wiggles

뉴욕 브롱크스Bronx 출신으로 본명은 스테판 클레먼 트Steffan Clemente이다. 어려서부터 춤을 추었으며 뉴욕 거리의 모든 곳은 그의 명성을 쌓는 무대였다. 위글스라 는 이름은 다이내믹한 그의 춤을 본 그래피티[16] 크루 더

---

16 스프레이, 페인트 등을 이용해 공공장소나 벽에 그림을 그리는 예술.

서양 스트리트 댄스의 역사

미스터 위글스(Mr. Wiggles)

쿨 파이브TC5의 단장이 지어주었다.

1978년 브롱크스의 많은 비보이들은 브레이킹 breaking을 그만두었고 이들 중 파핑을 잘못된 용어인 일렉트릭 부기electric boogie[17]라고 부르던 그룹이 있었다. 위글스는 일렉트릭 부기의 멤버 중 부기 보이Boogie Boy라는 댄서가 가장 먼저 비보이 플레이버flavor[18]를 가지고 파핑을 쳤는데, 부기 보이는 TV 쇼 <소울 트레인>을 보고 카피한 잘못된 방식의 파핑을 하고 있었고 위글스 자신도 그들 중 하나였다고 얘기했다.

---

17 서부의 오리지널 파핑과 부갈루를 직접 배워 보지 못한 동부 뉴욕의 댄서들이 비디오를 보고 잘못된 방법으로 추던 스타일.

18 특색, 멋, 개성.

파핑 댄스

일렉트릭 부갈루스, 록 스테디 크루Rock Steady Crew, 일렉트릭 컴퍼니Electric Company, 트라이벌 클릭Tribal Click, 줄루 네이션Zulu Nation의 멤버인 위글스는 브로드웨이 무대에서 활동을 하였고, 영화 〈비트 스트리트〉와 〈와일드 스타일Wild Style〉[19]에 출연했다. 또한 그라시엘라 다니엘레Graciela Daniele, 빌 어윈Bill Irwin, 엔 마리에 디안젤로Ann Marie DeAngelo 등의 아티스트와 연극, 영화, 음악 작업을 하였고 미시 엘리엇Missy Elliot, 어셔Usher, 마돈나Madonna, 림프 비즈킷Limp Bizkit의 뮤직비디오에 출연했다.

잘못된 부기 스타일 파핑을 극복하고자 마스터 크루 일렉트릭 부갈루스가 있는 라스베이거스Las Vegas로 거처를 옮겨 1999년 일렉트릭 부갈루스에 합류하게 된다. 수많은 레슨 비디오를 만들어 직간접적으로 댄서들에게 가르침을 주었고, 현재까지도 왕성한 활동을 하고 있다. 뉴욕을 대표하는 최고의 엔터테이너에서 예술의 본질을 이해하는 아티스트가 되기 위해 그가 몸소 보여준 행보

---

19 1983년에 개봉한 최초의 힙합 영화.

서양 스트리트 댄스의 역사

는 많은 사람들에게 귀감이 되고 있다.

⑦ 애니메이션 스타일 댄서

밥핀 안드레(Boppin Andre)

대표적으로 첫째, 밥핀 안드레Boppin Andre가 있다.

LA지역의 밥핀boppin[20] 댄서이며, 애니메이션 스타일
을 처음 구사하기 시작했다고 다수의 현지 댄서들이 증
언하고 있다. 현재도 지역 안에서 많은 활동을 하고 있

---

20 파핑과 다르게 근육을 이용한 팝보다는 특정 캐릭터의 움직임에
다임 스톱을 하거나 가슴에 바운스를 넣어서 다양한 느낌 혹은
스토리를 표현하는 춤이다.

파핑 댄스

고, 일렉트릭 부갈루스와는 다른 스타일을 추구해 나가고 있다. 이후 플랫 탑Flat Top, 부갈루 슈림프 등 많은 댄서들에게 영감을 준 마스터 중 한 명이다.

둘째, 플랫 탑Flat Top이다.

플랫 탑(Flat Top)

스트로빙strobing[21]과 다임 스톱, 티킹ticking, 슬로 모션slow motion 등을 이용한 여러 가지 애니메이션 테크닉을 구사하는 퍼포먼스를 보여주며, LA의 유니버설 스튜디오 및 할리우드 등에서 버스킹 활동을 하고 있다. 1998년 한국 가수 이현도의 객원 댄서로 한국에서 활동하기도 하였다. 당시 수준 높은 애니메이션 퍼포먼스로 많은 한국 댄서들에게 감동을 주었다. 소리로 들리는 드럼 비트를 눈으로 보이게 표현하는 최고의 테크니션 중 한 명이다.

셋째, 부갈루 슈림프Boogaloo Shrimp가 있다.

본명은 마이클 체임버스Michael Chambers로 팝 '앤' 타

---

21 **스트로브** 라이트에 사람이 비춰지는 모습을 묘사하는 춤.

서양 스트리트 댄스의 역사

코 및 밥핀 안드레 등에게 춤을 배웠고 고난도의 애니메이션 스타일과 웨이브, 글라이딩gliding 등의 테크닉을 구사하며 화려한 퍼포먼스를 선보였다. 17세의 어린 나이로 1984년 영화 <브레이킹>에 주연으로 출연하여 엄청난 인기를 얻었고 이후 음반을 내고 가수 활동을 하기도 하였다. 팝 '앤' 타코와 아이디어 및 스타일을 공유했으며 영화 <브레이킹> 시리즈의 주연을 맡아 전 세계 파핑 댄스 돌풍의 주역이 되었다. 1983년부터 2018년까지 영화, TV 쇼, 뮤직비디오 등에 출연하며 다양한 활동을 했다.

각종 미디어의 부갈루 슈림프(Boogaloo Shrimp)

파핑 댄스

마지막으로, 실즈 앤 야넬Shields and Yarnell이 있다.

실즈는 마임 예술가 마르셀 마르소Marcel Marceau에 의해 발굴된 배우이자 마임 아티스트이다. 또한 그의 배우자인 야넬과 함께 <실즈 앤 야넬Shields and Yarnell>이라는 프로그램으로 미국 전역에 마임과 로봇을 알렸다. 댄서로 인정받고 있지는 않지만 로봇 움직임의 마스터로 거론되고 있다는 점에 주목할 필요가 있다. 특히 파핑 스타일 중 애니메이션 스타일의 다임 스톱 테크닉은 마임에서 영향을 받아 만들어졌다고 알려져 있으며 로봇 스타일 역시 파핑에서 많은 비중을 차지하며 활용되고 있다.

그러나 파핑 댄스가 팬터마임에서 비롯되었다거나 마임의 역사를 근거로 수천 년 전에 생겨난 춤이라고 인식하는 것은 대표적인 오류의 사례라고 하겠다. 유독 파핑 댄스에 관해 잘못 알려진 정보들이 많은 것은, 파핑이 스트리트 댄스를 대표한다고 할 만큼 오랜 시간 전 세계 사람들에게 사랑받아 왔지만 올바른 정보를 가지고 춤을 배우려는 노력들이 부족했다는 방증일 것이다.

서양 스트리트 댄스의 역사

실즈 앤 야넬(Shields and Yarnell)

파핑 댄스

파핑 댄스의 스타일과 특징

① 부갈루 스타일boogaloo style

1950~1960년대 미국에서는 춤을 통칭하는 의미로 부갈루라는 단어를 사용하였다. 일렉트릭 부갈루의 춤 스타일boogaloo style이란, 몸의 아이솔레이션[22]과 몸의 각 관절을 이용해 특유의 포즈를 만들고 롤과 모멘텀을 사용하여 음악의 리듬을 타면서 추는 춤 스타일을 의미한다.

부갈루 스타일은 파핑 댄스의 대표적인 스타일 중 하나로 꼽힌다. 엄밀히 말하자면 그 자체로 파핑 댄스와는 별개의 춤 스타일로 분류해야 하지만, 다양한 스타일과 파핑을 접목시키며 범주를 넓게 잡고 있는 현대 파핑 댄스의 관점에서 볼 때 부갈루 스타일 역시 파핑 댄스에 속한다고 볼 수 있다.

---

22 신체의 각 부위가 서로 독립되어 있는 것처럼 연출하는 움직임.

서양 스트리트 댄스의 역사

② 애니메이션 스타일animation style

애니메이션 스타일은 과거 촬영과 편집 기술 수준이 높지 않아 움직임이 끊기는 것처럼 보이던 클레이 애니메이션[23]의 장면들을 몸으로 구현하는 것에서부터 시작되었다. 로봇 댄스와는 다른 개념으로 시작되었지만 현대 애니메이션 스타일 댄스는 음악의 발전과 더불어 다양한 스타일로 성장하였고 로봇을 포함한 다임 스톱, 티킹, 바이브레이션 등의 테크닉을 사용하여 여러 캐릭터를 표현하는 춤 스타일이 되었다.

애니메이션 스타일은 정확히 누가 처음 시작했는지에 대해 의견이 분분하여 기원을 명확히 확언할 수는 없지만, 1970년대 후반 밥핀 안드레가 시초라는 의견이 주를 이루고 있다. 실제로 LA 지역의 OG 파퍼popper들의 춤을 살펴보면 웨이브와 로봇, 애니메이션 등의 스타일 댄서들이 대부분이며 움직임은 다양하지만 공통된 애니메이션 테크닉들을 사용하는 것으로 추측해 보건대, LA에

---

23 찰흙으로 형상을 만들어 한 장면씩 촬영한 필름을 이어 붙여 움직임을 만들어내는 제작 기법.

서 활동했던 밥핀 안드레가 애니메이션 스타일의 탄생에 기여했다는 의견은 타당해 보인다.

③ 웨이브 스타일wave style

웨이브 스타일은 파핑 댄스가 탄생하기 훨씬 이전부터 존재했던 춤이며, 팔이나 몸통, 다리 등 각 관절의 아이솔레이션을 이용하여 파도가 치는 형태를 표현하는 춤이다. 웨이브 스타일 또한 누가 최초로 시작했는지는 정확하게 알려지지 않았다. 1920년경 벨리 댄서들이 지금과 같은 웨이브를 하는 영상을 담은 기록도 확인할 수 있다. 웨이브 스타일은 오랜 세월 동안 많은 사람들에 의해 발전되고 응용되었는데, 그로 인해 다양한 웨이브가 생겨나게 되었고, 현재도 많은 댄서들에 의해 여러 가지 형태의 웨이브가 추어지고 있다. 웨이브의 종류로는 스네이크 웨이브snake wave, 리플 웨이브ripple wave, 에프엑스 웨이브FX wave, 베이비 웨이브baby wave, 틱 웨이브tick wave, 섹션 웨이브section wave 등 다양한 움직임들이 있다. 이러한 여러 형태의 웨이브는 스트리트 댄스의 세부 장르인 파핑 댄스와 함께 추는 스타일로 분류되고 있다.

④ 북 스타일boog style

북 스타일은 일렉트릭 부갈루스의 부갈루와 파핑을 의미한다. 원래는 춤을 뜻하는 부갈루의 슬랭[24]이지만 부갈루 샘의 부갈루 스타일과 구분하기 위해 쓰는 용어가 되었다. 북 스타일에는 부갈루 스타일 파핑과 티킹ticking, 스케어크로우scarecrow, 토이맨toy man, 퍼펫puppet, 플렉스flex 등의 테크닉을 섞어서 쓰는 형태 등이 포함된다. 넓게 보면 부갈루 샘의 춤에서 파생된 스타일이다. 일렉트릭 부갈루스의 파핀 피트에 의해 본격적으로 알려지게 되었고, 특히 그의 플레이버가 전형적인 북 스타일을 대표한다고 할 수 있다.

⑤ 스케어크로우scarecrow

스케어크로우는 허수아비를 형상화한 춤을 말한다. 예전 일렉트릭 부갈루스의 멤버였던 스케어크로우 스컬리가 추는 춤을 보고, 부갈루 샘이 이름을 붙인 데서 시작되었다.

---

24 통속적으로 쓰이는 속어.

파핑 댄스

⑥ 토이맨toy man

토이맨은 액션 피규어 장난감의 관절을 각각 움직이는 형태에서 발생된 동작이다. 예전 일렉트릭 부갈루스의 멤버였던 토이맨 스킷은 토이맨을 사용하는 대표적인 댄서였다.

⑦ 터팅tutting, 킹 텃king tut

고대 이집트의 상형 문자에 등장하는 벽화의 사람이 춤을 추는 듯한 모양에서 영감을 받아 만들어졌다고 알려져 있으며, 팔과 손의 각을 잡아 직각 혹은 기하학적인 모양을 보여주는 기술이다.

⑧ 스트로빙strobing

일정하고 빠르게 점멸하는 스트로브 라이트strobe light(섬광등)에 비춰지는 사람의 움직임을 표현한 춤을 스트로빙이라고 한다. 스트로브 라이트의 특성 때문에 라이트에 비친 사람의 움직임 역시 끊겨 보이는데, 이를 팝이 아니라 순간적으로 동작을 멈추는 테크닉으로 표현하는 것이 특징이다. 애니메이션 스타일의 팝과는 다른

서양 스트리트 댄스의 역사

느낌으로 사용된다.

⑨ 플로팅floating, 글라이딩gliding, 슬라이딩sliding

힐(뒤꿈치)과 토(앞꿈치)를 이용하여 미끄러지듯 걷는 움직임이다. 달 위를 걷거나 바닥 위에 떠 있는 듯한 느낌을 낼 수 있다. 댄서가 스케이트를 타는 듯한 느낌을 주기도 한다. 대중들에게는 문워크라고 알려진 스타일이다.

⑩ 퍼펫puppet

퍼펫은 각 관절에 실이 달려 있는 꼭두각시 인형을 부르는 말이다. 댄서가 몸에 실이 달린 것처럼 움직이면서 중력에 따라 늘어져 있는 꼭두각시를 묘사하는 동작을 취하는 것이 특징이다.

파핑 댄스

락킹
댄스

POPPING
LOCKING
BREAKING
WAACKING
FREESTYLE HIPHOP
HOUSE
KRUMP
DANCEHALL

락킹 댄스의 정의

락킹 댄스locking dance는 파핑, 업 록과 더불어 가장 오래된 스타일 중 하나이며, 리드미컬하고 다이내믹한 빠른 전개가 특징이다. 여러 파티 댄스들의 다양한 리듬들이 혼재해 있으며 소울, 펑크 음악에 맞춰서 신나게 추는 춤이다.

락킹 댄스의 역사

제임스 브라운(James Brown)

락킹이 탄생한 시대에는 이미 유행하고 있던 여러 춤들이 있었으며 락킹은 이러한 춤들로부터 영향을 받아 다양한 스텝과 동작 들을 기반으로 탄생하게 되었다. 1960년대 중반부터 유행하기 시작한 펑크는 미국 흑인 음

서양 스트리트 댄스의 역사

악의 한 장르로 힘찬 싱커페이션syncopation[25]이 들어간 베이스 선율과 드럼에 맞춰 악기의 리듬을 강조하는 특성이 있다. 락킹에서 가장 대표 테크닉인 '락lock'은 이러한 펑크 음악의 특성에 맞게 그 시대에 유행했던 리듬과 파티 댄스를 접목시켜 특유의 정지하는 느낌을 주는 동작을 중심으로 만들어졌다. 락킹 댄스는 펑크 음악의 대표적인 아티스트 제임스 브라운의 춤에서도 영감을 받았다.

이어질 내용은 락킹이 탄생한 시대에 활동한 댄서들이 락커레전드라는 홈페이지[26]에 올린 내용을 바탕으로 초창기 멤버들의 인터뷰를 참고해 정리하였다. 락커레전드의 편집자는 더 락커스의 객원 멤버인 스키터 래빗이다.

---

25 센박과 여린박의 규칙성이 뒤바뀐 박자. 당김음이라고도 한다.
26 www.lockerlegends.org

① 돈 캠벨Don Campbell

돈 캠벨(Don Campbell)

락킹은 1970년대 초 LA의 나이트클럽을 중심으로 춤을 추던 돈 캠벨Don Campbell에 의해 창시된 춤이다. 락킹은 락lock이라는 뜻 그대로 '잠그다', '멈추다'라는 의미를 가지며 춤을 추는 도중 몸이 순간적으로 얼어붙듯 멈추는 것이 특징이다. 락이라는 동작은 1970년, 돈 캠벨이 당시 유행했던 파티 댄스인 로봇 셔플robot shuffle을 시도하다가 탄생되었다.

원래 댄서가 아니었던 돈 캠벨은 대학에 입학한 뒤 춤을 시작하게 되었다. 돈 캠벨은 상업 예술을 공부하기 위해 LA에 위치한 무역기술대학에 입학했으며 학교에서 샘 윌리엄스Sam Williams와 스위트 티Sweet T.를 만나 친구가 되었다. 그들은 항상 학교가 끝나면 모여서 춤을

서양 스트리트 댄스의 역사

추었고 아주 큰 애플 해트apple hat와 니커스knickers[27]를 입고 있었다. 돈 캠벨은 처음에 그들의 춤을 보고만 있었지만 이후 샘 윌리엄스와 스위트 티가 캠벨에게 춤을 알려 주기 시작했고, 니커스 스타일의 옷을 입을 수 있도록 가르쳐 주었다. 캠벨은 그들에게 앨리게이터alligator와 로봇과 같은 당시 유행하던 소셜 파티 댄스들을 배웠으며 샘 윌리엄스는 캠벨에게 로봇 셔플을 가르쳐 주었다. 캠벨은 로봇 셔플을 추다가 무의식적으로 몸이 멈추는 느낌을 표현했는데, 어느 날 샘 윌리엄스가 그런 캠벨의 움직임을 보고 "Keep doing that lock Campbell!(그 멈추는 것을 계속해 캠벨!)"이라고 말했다. 이후 캠벨은 모든 움직임에 락을 포함하기 시작했으며 이것이 바로 캠벨 락campbell lock[28]의 시작이 되었다.

돈 캠벨은 친구들의 춤을 구경하기 위해 댄스 대회에 따라갔다가 그룹에 있던 한 여자 파트너가 대회에 나타

---

27 품이 넉넉한 반바지를 뜻하는 니커보커스knickerbockers의 약칭.
28 락킹이라는 이름을 쓰기 전에 사용되었던 용어로 돈 캠벨의 캠벨을 따서 캠벨 락campbell lock 또는 캠벨 락킹campbell locking이라고 불렀다.

락킹 댄스

나지 않아, 그 자리를 대신하기 위해 처음으로 대회에 참가하게 되었다. 그날 밤 댄스 대회에서는 스물다섯 팀의 커플이 경쟁을 벌였고 캠벨의 팀은 5위를 기록했다. 캠벨은 만약 첫 번째로 탈락을 한다면 춤을 추지 않을 것이라고 생각했지만 첫 대회에서 5위에 올랐기 때문에 춤에 대한 자신감을 가질 수 있었다. 그 후 2년 동안 연습하며 주로 나이트클럽에서 춤을 개발하였고 가능한 한 많은 댄스 대회에 참가하면서 자신이 보여줄 수 있는 모든 모습을 보여주었다.

캠벨의 춤은 할리우드의 더 시터델The Citadel, 베벌리 힐스Beverly Hills 근교의 더 서밋The Summit, 매버릭스 플랫Mavericks Flats과 같은 나이트클럽에서 돈 캠벨과 그렉 캠벨락 주니어Greg Campbellock Jr., 스쿠비 두Scooby Doo, 미스터 펭귄Mr. Penguin, 다미타 조 프리먼Damita Jo Freeman[29], 고고 브라더스GoGo Brothers, 요요Yoyo, OG 스키터 래빗, 플루키 루크Fluky Luke, 삼보 락Sambo Lock, 찰스 로봇Charles Robot, 슬림 더 로봇Slim the Robot 등의 댄

---

29 최초의 여성 락커.

서양 스트리트 댄스의 역사

매버릭스 플랫(Mavericks Flats)

서들과 만나 스텝과 움직임을 공유하며 성장하였다. 당시에는 다른 주요 스트리트 댄서들이 없었기 때문에 항상 살사salsa, 스윙swing, 허슬hustle, 린디 합lindy hop, 왈츠waltz 등을 하는 커플들과 경쟁해야 했다. 그래서 캠벨은 더욱 두각을 나타내기 위해 다이브dives, 스플릿splits, 니 드롭knee drops, 해트 트릭hat tricks 등을 하며 자신이 할 수 있는 모든 것을 이용해서 본인의 춤을 알렸고 그의 춤을 본 몇몇 댄서들이 그를 따라 하기 시작하며 유명해졌다.

② 락킹 댄스의 발전과 전파

〈소울 트레인(Soul Train)〉

락킹이 대중에게 본격적으로 알려지기 시작한 것은 1971년, 미국의 〈소울 트레인〉이라는 TV 쇼에 돈 캠벨이 출연하면서부터이다. 〈소울 트레인〉의 프로듀서인 돈 코넬리우스 Don Cornelius는 당시 댄서들의 락킹 쇼를 보고 그들에게 이 춤을 어디서 배웠는지 물었고 그들은 '캠벨락'이라고 불리는 사람이 만들었다고 알려 주었다. 이후 돈 코넬리우스는 캠벨을 찾아 쇼의 출연을 제안하였고 캠벨은 자신의 파트너인 다미타 조 프리먼과 함께 〈소울 트레인〉에 참가하여 콘테스트의 우승자가 되면서 대중들에게 캠벨락을 더욱 알리게 되었다.

이를 계기로 돈 캠벨과 다미타 조 프리먼은 소울 트

서양 스트리트 댄스의 역사

레인 갱Soul Train Gang[30]과 함께 투어를 했고 얼마 지나지 않아 클럽이나 대회를 돌아다니면서 재능 있는 댄서들을 모아 1972년, 자신과 미스터 펭귄, 찰스 로봇, 슬림 더 로봇, 삼보 락으로 이루어진 즉흥적인 솔로 스타일의 락킹 댄서 그룹 캠벨락 댄서스Campbellock Dancers를 결성했다. 이 시기에 그렉 캠벨락 주니어와 스쿠비 두, 고고 브라더스, 요요, 코코Coco 형제, OG 스키터 래빗, 아네타 존슨Arnetta Johnson, 플루키 루크, 미스터 펭귄은 가끔 하우스 파티를 열거나 고등학교, 피크닉 및 사교 행사에서 함께 파티를 열었고 서로 어울리며 그룹 활동을 펼쳐 나갔다. 이들의 활동으로 LA의 와츠Watts[31]와 콤프턴Compton 지역에서는 군무 형태의 움직임이 일어나기 시작했다. 이후 이들은 캡틴 크런치Captain Crunch, 신밧드Sinbad와 같은 다른 스트리트 댄서들과도 계속 교류했다. 이는 락킹이 진화하는 원동력이 되었다.

---

30 <소울 트레인>을 통해 활약을 펼치는 댄서들을 칭함.
31 LA에서도 가장 빈민 지구인 와츠는 주민의 98%가 흑인으로 가난과 열악한 주거 지역, 실업과 범죄 그리고 마약이 범람하여 흑인들의 절망과 분노가 가득 차 폭동이 일어나기도 한 곳이다.

락킹 댄스

이후 1973년, 캠벨락 댄서스는 저작권 문제로 그룹 이름을 더 락커스로 변경하였고 캠벨 락킹이라고 불리던 이름도 락킹locking이라고 부르기 시작하였다. 당시 멤버가 수시로 바뀌었던 더 락커스는 1973년에 돈 캠벨, 그렉 캠벨락 주니어, 토니 배질, 미스터 펭귄, 슬림 더 로봇, 플루키 루크, 샤바-두 일곱 명의 멤버로 확정되었다.

더 락커스는 댄스 역사상 가장 역동적이고 영향력 있는 그룹 중 하나였으며, 프리스타일과 퍼포먼스 등에 모두 능통하여 관객과 다양한 문화를 스트리트 댄스의 영역으로 끌어들이는 역할을 해냈다. 또한 락킹을 단순한 하나의 댄스 스타일에서 공연 예술로 발전시킨 그룹이며 더 락커스의 활동으로 인해 락킹의 춤과 문화는 빠르게 유행하기 시작하였다. 토니 배질은 더 락커스의 매니저까지 역임하여 더욱 활발히 활동할 준비를 했으며 더 락커스는 <소울 트레인>에서도 맹위를 떨칠 뿐 아니라 독창적인 콘셉트로 퍼포먼스를 선보이면서 당시 어린이 프로부터 성인들이 보는 TV 프로그램, 토크 쇼, TV 광고 등 많은 방송에 출연할 정도로 엄청난 인기를 끄는 그룹으로 성장하였다.

서양 스트리트 댄스의 역사

돈 캠벨과 더 락커스 이외에도 락킹의 발전에 기여한 댄서들은 많았으며 1972년에는 토니 고고Tony GoGo와 버디 고고Buddy GoGo, OG 스키터 래빗, 요요가 함께 결합하여 최초로 일치된 퍼포먼스를 하는 락킹 그룹 고고 브라더스를 결성했다. 이들은 대규모 경기장과 소규모 고등학교 행사에서 연극과 루틴으로 공연을 했다. 그리고 1972년 말에서 1973년 초, 스쿠비 두와 그렉 캠벨 락 주니어는 고고 브라더스, OG 스키터 래빗, 여성 락커인 아네타 존슨, 로나 던Lorna Dune과 함께 최초의 혼성 락킹 그룹인 크리에이티브 제너레이션Creative Generation을 결성했다. 이 그룹은 와츠 작가 워크숍Watts Writers Workshop[32]의 회원으로서 춤을 공부하고 가르치며 공연

---

32 와츠 작가 워크숍은 1965년 8월 와츠 지역의 폭동 이후, 시나리오 작가인 버드 슐버그Budd Schulberg가 시작한 창의적인 글쓰기 그룹이다. 1965년부터 1973년까지 활동한 이 그룹은 그 지역 청년들을 대상으로 글을 쓰고 구성하는 법을 가르쳤으며 1972년에는 캠벨 락킹이라고 불리는 스트리트 댄스 교육을 조직하여 <소울 트레인>과 같은 TV 쇼에서 인기를 얻은 지역 스트리트 댄서들로 구성된 크리에이티브 제너레이션Creative Generation을 형성했다.(Wikipedia, Watts Writers Workshop)

락킹 댄스

하는 투어를 했다. 이후 그렉 캠벨락 주니어는 크리에이티브 제너레이션을 떠나 와츠 작가 워크숍에서 고고 브라더스로부터 얻은 루틴의 경험을 토대로 락킹을 안무화시키는 작업을 했고 더 락커스에 합류했을 때 안무화된 락킹을 알려 주는 데 도움을 주었다. 오리지널 세대 그룹들이 존재하던 1970년대 초, 토니 고고와 OG 스키터 래빗은 더 락커스와 함께하며 춤을 추기도 하였고 그들의 대체 멤버로도 활동했다. 이 외에도 1970년대 초중반에는 33RPM과 게토 댄서스Ghetto Dancers와 같은 LA 외 다른 도시의 락킹 그룹들도 형성되었다.

대표적 인물

① 토니 배질Toni Basil

토니 배질은 돈 캠벨에게 락킹을 배우기 전에도 이미 뛰어난 뉴욕 출신의 안무가였으며 발레 경력을 가지고 있었다. 그녀는 밴드 리더였던 아버지와 댄서이자 곡예사였던 어머니의 영향으로 어린 시절부터 춤을 추기 시

서양 스트리트 댄스의 역사

토니 배질(Toni Basil)

작했고 라스베이거스의 고등학교에 다니는 동안 치어리더 팀의 장을 맡았다. 이후 토니 배질은 댄서이자 안무가로 활동했으며 <헐러벌루Hullabaloo>, <신디그Shindig>와 같은 인기 있는 TV 쇼에 댄서로 출연하면서 경력을 쌓아갔다. 1964년에는 콘서트 영화인 <타미 쇼T. A. M. I Show>와 뮤지컬 <파자마 게임Pajama Game>에서 연기를 하기도 했으며 1960년대 중후반에는 각종 영화에서도 춤을 추고 주연을 맡았다.

이후 캠벨을 만나 그의 여자 친구가 된 토니 배질은 캠벨과 함께 더 락커스 그룹을 조직하는 데 큰 역할을 했으며 결국 더 락커스의 유일한 여성 댄서가 되었다. 원래 스트리트 댄서가 아니었던 토니 배질은 돈 캠벨과 그렉 캠벨락 주니어에게 락킹의 즉흥적인 움직임과 퍼포먼

락킹 댄스

스 등을 배웠고, 본인의 장기인 발레 스핀을 락킹과 결합하여 춤추는 것으로 가장 유명했다. 그녀는 광범위한 인맥을 가진 여성이었으며 더 락커스의 매니저까지 역임하여 그룹을 관리했다. 이러한 토니 배질의 인맥과 쇼의 비즈니스 경험은 더 락커스를 더욱 프로페셔널한 상업적 수준까지 도달할 수 있도록 큰 기여를 했다. 1976년, 더 락커스를 탈퇴한 후에도 그녀는 계속해서 안무가 및 가수로 활동했으며 그녀가 발매했던 <미키Mickey>는 메가 히트를 기록했다.

② 미스터 펭귄Mr. Penguin

본명은 프레드 베리Fred Berry이며, 1970년대 TV 시트콤 <와츠 해프닝What's Happening>의 배우 리런Rerun으로도 많이 알려져 있다. 그는 <소울 트레인>에 출연한 댄서이자 캠벨락 댄서스와 더 락커스의 멤버이다. 슬로 모션slow motion[33]과 그의 상징적 무브인 마스터 버트 드롭

---

33 미스터 펭귄이 락킹에 도입한 마임 스타일로, 모든 동작을 느리게 움직이는 스타일.

서양 스트리트 댄스의 역사

미스터 펭귄(Mr. Penguin)

master butt drop[34]은 그의 큰 몸으로 인해 더욱 부각이 되었다. 미스터 펭귄은 캠벨락 댄서스부터 더 락커스까지 그룹 활동을 왕성히 하다가 1976년, 그룹을 탈퇴하고 3년 동안 <와츠 해프닝>의 리런 역의 배우로 활동하며 많은 인기를 끌었다.

③ 그렉 캠벨락 주니어Greg Campbellock Jr.

본명은 데이브 그레고리 포프Dave Gregory Pope로, 그렉 캠벨락 주니어는 원래 돈 캠벨과 관련이 없었지만 락킹 동작에 대한 그의 창의성 때문에 이러한 이름이 붙여졌다. 현재 스톱 앤 고stop n go라고 불리는 동작을 스쿠비

---

34 점프하여 두 발을 앞으로 내밀고 음악의 박자에 맞춰 착지하는 역동적인 동작.

그렉 캠벨락 주니어(Greg Campbellock Jr.)

두와 함께 만든 댄서
이기도 하다.

그렉 캠벨락 주니
어는 더 락커스에 합
류하기 전에 와츠 작
가 워크숍의 첫 번
째 그룹인 크리에이
티브 제너레이션의

멤버이자 소울 트레인 갱의 멤버였다. 돈 캠벨과는 1972
년 클럽에서 처음 만났으며, 1973년 더 락커스에 합류하
여 락킹과 관련된 몇 가지 스텝과 동작, 핸드셰이크hand
shakes 및 루틴을 만드는 데 도움을 주었다. 이후 그는 많
은 워크숍을 진행하는 동안 락킹의 역사와 많은 개념들
을 가르치고 락킹을 활성화시키는 역할을 했다.

락킹을 알리는 과정에서 그는 전 세계의 락킹 댄서들
이 공유하는 공통된 파운데이션이 있으며, 그러한 락킹
동작의 규정들은 마치 발레와 같다고 강조하였다. 이를
통해 락킹 댄스가 수백 년간 이어져 온 발레와 견주어도
뒤지지 않는다는 그의 자부심을 엿볼 수 있다. 그렉 캠

서양 스트리트 댄스의 역사

벨락 주니어는 한국의 비디오 세대[45]를 종식시키고 오리지널 락킹을 전파한 장본인이기도 하다.

④ 플루키 루크Fluky Luke

플루키 루크의 본명은 리오 윌리엄슨Leo Williamson이다. 그는 학교의 농구 시합에서 다른 댄서들과 함께 챔피언십 우승을 축하하며 에드윈 스타Edwin Starr의 노래 <워War>에 크레이지 레그crazy leg라는 춤을 췄고 그곳을 방문했던 토니 배질에게 발탁되어 더 락커스에 합류하게 되었다. 그는 차례로 돈 캠벨과 그렉 캠벨락 주니어, 슬림 더 로봇, 미스터 펭귄을 소개받았다. 플루키 루크는 소울 트레인 댄서이자 더 락커스의 오리지널 멤버이며 그의 본명을 딴 리오-락leo-lock으로도 알려져 있다. 그는 또한 리오-워크leo-walk, 위치-어-웨이which-a-way와 같은 다양한 스텝들을 락킹에 도입했다.

---

35 미국의 스트리트 댄스를 다른 나라에서 영화와 TV 쇼를 시청하며 얻은 부정확한 지식으로 잘못 따라 하던 세대를 일컫는 말.

⑤ 슬림 더 로봇Slim the Robot

본명은 빌 윌리엄스Bill Williams로, 로봇 스타일의 댄서로 유명했으며 초기 소울 트레인 댄서이다. 그는 캠벨락 댄서스로 알려진 프리스타일 댄서들과 함께 투어를 계속했으며, 더 락커스의 오리지널 멤버이기도 하다. 슬림 더 로봇은 기본 로봇 스타일을 빠른 가라테 스타일의 로봇 움직임으로 재탄생시켰고, 색색의 빛이 나는 전구 슈트와 화염 던지기를 그의 무브에 도입한 것으로도 유명했다. 더 락커스로 출연한 <SNL>[36]에서 기존 더 락커스를 대표하는 의상을 입었지만 독무 부분의 암전된 조명에서는 불을 밝힌 전구 의상을 활용해 로봇 댄스를 더욱 돋보이게 만들었다.

⑥ 샤바-두Shabba-Doo

아돌포 퀴논즈Adolfo Quinones, 일명 샤바-두는 더 락커스의 오리지널 멤버 중 한 명이며 아프리카계 미국인

---

36 <Saturday Night Live>의 약자로, 미국의 유명한 코미디 버라이어티 쇼다.

서양 스트리트 댄스의 역사

〈브레이킹2〉에 출연한
샤바-두(Shabba-Doo)

이자 푸에르토리코Puerto Rico 출신의 안무가였다. 영화 〈브레이킹〉 속 캐릭터인 오-존O-Zone으로 유명하기도 했다. 그는 락킹이 진화하기 시작한 지 2년 후인 1973년에 더 락커스의 마지막 멤버로 영입되었으나 금세 주위에서 가장 빠르고 유려한 움직임을 자랑하는 댄서가 되었다. 빠른 속도로 루틴을 소화해 내는 능력 때문에 그의 첫 번째 별명은 킹 루키King Rookie였다. 이후 더 락커스가 해체되었을 때 샤바-두는 영화 〈브레이킹〉에 출연하여 스트리트 댄스의 대중화에 큰 기여를 하였고, TV에서는 〈샤바두 쇼Shabbadoo Show〉를 선보였으며 안무가로서의 활동도 이어갔다.

⑦ 토니 고고Tony GoGo

토니 고고의 본명은 앤서니 루이스 포스터Anthony Lewis Foster이다. 그는 소울 트레인의 초기 댄서이자 1970년대 초 고고 브라더스GoGo Brothers 그룹의 창립 멤버이

토니 고고(Tony GoGo)

다. 그는 33RPM과 같은 그룹과 춤을 추었고 1976년에 합류하게 된 더 락커스의 멤버이다. 토니 고고는 빠른 아크로바틱acrobatic 스타일을 가졌으며 고고 브라더스는 1971년 최초의 통합된 움직임을 하는 락킹 그룹으로 인정받았다. 이후 토니 고고는 일본에서 계속해서 락킹 스타일을 소개하고 교육하며 전파해 나갔다.

2000년대 중반에는 저자의 초청으로 여러 차례 내한하여 한국 락킹의 저변 확대에 기여하기도 하였다. 현재도 그는 아시아뿐만이 아닌 전 세계를 다니며 워크숍 및 심사를 지속하고 있으며, 그의 그룹이었던 고고 브라더스의 이름은 토니 고고의 두 아들들이 물려받아 활동을

서양 스트리트 댄스의 역사

이어 가고 있다.

⑧ 더 락커스The Lockers

이처럼 더 락커스의 방송 출연과 락킹 댄스는 LA 중심 도시에서부터 시작해서 다른 주변 도시 그리고 여러 나라까지 퍼져 나갔다. 결국 락킹은 전 세계적으로 모방되기 시작했으며 1970년대 중반부터는 많은 사람들에게 확산되었다. 1974년에는 스쿠비 두를 중심으로 섬싱 스페셜Something Special이라는 그룹이 탄생했으며 이 그룹은 락킹을 처음으로 일본에 소개하는 투어를 했고 다른 소셜 댄스와 함께 아시아에 락킹을 전파한 최초의 그룹이었다. 또한 같은 시기에 백인으로만 이루어진 락킹 그룹 펑키 번치Funky Bunch도 등장하였다.

이후 1975년까지 락킹 댄스는 계속 발전했으나 1976년, 더 락커스의 토니 배질과 미스터 펭귄이 그룹을 떠나게 되고 같은 해 말에 고고 브라더스의 토니 고고를 그룹에 영입하면서 더 락커스는 여섯 명의 멤버가 되었다.

그 후 더 락커스는 1970년대 후반에 해체되었지만, 여

락킹 댄스

LOCKERS
LEFT TO RIGHT

TOP · SHABBADOO · SLIM THE ROBOT MAN · DON CAMPBELL
BOTTOM · FLUKEY LUKE · GREG CAMPBELLOCK, JR. · TONY GO GO

더 락커스(The Lockers)

러 댄서들의 영향으로 세계 곳곳에 락킹이 지속적으로 전해졌으며 1980년대 중반에 토니 고고는 일본에서 락킹 댄스를 소개하는 스쿨을 설립했다. 이는 오늘날 락킹의 역사가 정립되고 댄스 지식이 전 세계적으로 확산되는 시작점이 되었다.

서양 스트리트 댄스의 역사

3세대 더 락커스(The Lockers)

더 락커스 3세대 알파 오메
가 앤더슨 (Alpha Omega
Anderson)

또한 1980년대 중반에는 알파 오메가 앤더슨Alpha Om
ega Anderson, 데퓨티Deputy, 빅 디Big D, 롤리팝Lollipop이
돈 캠벨과 그렉 캠벨락 주니어와 함께 3세대 더 락커스
그룹을 구성했다. 이후 그렉 캠벨락 주니어의 제자들인
루즈 카부스Loose Caboose, 선댄스Sundance, 플로마스터
Flomaster 등과 같은 다음 세대들이 명성을 이어 가며 락
킹은 지속적으로 전파되었다. 1세대인 더 락커스의 몇몇
멤버들은 현재까지도 락킹을 추고 있으며 락킹을 알리
는 활동을 꾸준히 하고 있다.

락킹 댄스

락킹 댄스의 특징

대표적인 니커보커스 스타일(knickerbockers style)

　① 니커보커스 스타일knickerbockers style

　락킹이 탄생하고 발전하던 시기는 흑인들이 TV에 출연하여 공연을 하고 유명세를 얻기가 힘든 시대였다. 따라서 흑인들은 부유한 사람들처럼 보이기 위해 골프 복장과 비슷한 의상을 착용하기 시작했다. 이에 따라 백인들이 골프를 칠 때 주로 입던 통 넓고 신축성 있는 반바지를 차용하여 입기 시작했다. 스트라이프 무늬 상의와 양말, 연미복, 복대, 서스펜더(멜빵), 빅 애플 캡big apple cap, 피자 해트pizza hat, 더비derby, 보타이bow tie 등을 주로 착용하였다. 줄무늬 티셔츠와 양말은 흑백 TV의 시대였기 때문에 몸짓이 더 크고 선명하게 보이기 위해 입게 되었다.

② 대표적 동작

프렙 업prep up

팔꿈치를 기준으로, 직각 형태가 되도록 두 손 혹은 한 손을 위로 끌어 올리는 동작을 말한다. 락의 느낌을 동반하기도 한다.

더 락the lock

돈 캠벨에 의해 만들어졌으며, 음악의 비트에 맞춰 팔을 다이아몬드 모양으로 얼어붙듯 멈추는 동작이다. 간단히 락lock이라고 말하기도 한다. 또한 락은 특정한 동작이 아니더라도 락이라는 뜻 그대로 잠그는 느낌이나

락킹 댄스

멈추는 느낌을 표현하는 모든 동작을 말하기도 한다.

더블 락double lock
위의 락 동작을 두 번 연속해서 하는 동작이다.

리스트 롤wrist roll
손에 계란을 쥐듯이 공간을 두고 주먹을 쥔 채 손목을 크게 뒤로 돌렸다가 앞으로 돌리는 동작이다.

포인트point
누군가를 가리키거나 서로 의사소통을 하면서 만들어진 동작이다. 검지를 세운 상태에서 손을 뻗는 동작으로, 손을 뻗는 방향의 반대쪽 어깨에서부터 시작하여 가리키고자 하는 방향으로 손을 뻗어 주는 동작이다.

페이스 오어 키핑 타임pace or keeping time
손에 공간을 두고 주먹을 쥔 채 손목에 힘을 빼고 팔을 뻗으면서 손목 스냅을 이용해 손등 방향으로 허공을 치고 손을 다시 가져오는 동작이다.

서양 스트리트 댄스의 역사

기브 유어 셀프 파이브give your self five

춤을 추면서 자신의 움직임에 대한 승인을 구하거나, 상대의 요구에 동의하는 의미로 손뼉을 치는 동작을 말한다. 한 손은 내려치고 한 손을 올려 치면서 빗겨 가는 형태로 손뼉을 친다.

백 클랩back clap

백 슬랩back slap이라고도 하며 몸 뒤로 팔을 보내 양 손바닥으로 박수를 치는 동작이다.

락킹 댄스

브레이킹

POPPING
LOCKING
BREAKING
WAACKING
FREESTYLE HIPHOP
HOUSE
KRUMP
DANCEHALL

브레이킹의 정의

브레이킹breaking은 지구상에 존재하는 춤의 스타일 중 가장 역동적이고 아크로바틱한 춤이다. 뉴욕 게토 지역의 빈민가에서 살던 흑인들의 문화에서 시작했던 것이 미국 주류 사회로 진입하는 쾌거를 이루어내며 스트리트 댄스의 큰 물줄기가 되어서 전 세계에 퍼져 나갔다.

톱 록top rock, 풋워크foot work 등의 파운데이션에 극한의 파워 무브들이 결합된 것이 브레이킹만의 특수한 점이다. 브레이킹은 동부 뉴욕을 중심으로 하는 대표적 스트리트 컬처인 힙합 문화의 첫 번째 오리지널 스타일 댄스로서 흑인은 물론 히스패닉과 그 외 다양한 사람들이 즐기고 발전시키며 많은 이들에게 꾸준히 사랑받고 있다.

서양 스트리트 댄스의 역사

브레이킹의 역사

① 브레이킹의 탄생

브레이킹의 탄생에는 업 록up rock, rock dance이 관련되어 있다. 1960년대 후반 브루클린을 중심으로 생겨난 업 록은, 러버밴드 맨Rubberband Man과 아파치Apache에 의해 만들어졌다. 갱 문화에 기반해 만들어졌기 때문에 뉴욕 전 지역 갱단들을 통해 빠르게 퍼져 나갔다. 이후 70년대 초에는 갱단들만의 춤이 아닌 많은 대중들이 즐기는 춤으로 변모했다. 이러한 록 댄스는 뉴욕 전체에 퍼져 브롱크스까지 전달되었고 이에 영향을 받아 톱 록이 만들어졌다.

이때 발생된 톱 록은 브레이킹의 시초가 되었고, 70년대 초반에 다양한 춤과 함께 추어졌다. DJ 쿨 허크DJ Kool Herc의 블록 파티 <백 투 스쿨 잼Back to School Jam>에서 브레이크 비트에 맞춰 추던 춤이 쿨 허크에 의해 비보잉 또는 브레이킹이라는 이름으로 불리었다. 당시의 브레이킹은 현재와 같은 형태는 아니었으며 이때 활동한 1세대 팀으로는 쿨 허크가 이름을 붙인 더 비-보이즈

The B-boys, 크레이지 커맨더스Crazy Commanders, 줄루 킹즈Zulu Kingz가 있다. 유니버셜 줄루 네이션Universal Zulu Nation에 소속된 공식 브레이킹 크루인 줄루 킹즈는 아프리카 밤바타Afrika Bambaataa가 줄루 네이션을 만들던 날 (1973년 11월 12일) 동시에 창설되었다. 그 이유는 밤바타가 줄루 네이션을 조직하는 것에 도움을 준 다섯 명[37]의 친구가 모두 비보이였으며, 그들은 그들만의 브레이킹 크루를 독자적으로 가지고 싶어 했기 때문이다. 줄루 킹즈는 세계 최초의 브레이킹 크루 중 영향력이 가장 컸던 크루로 알려져 있으며 현재에도 명맥이 유지되어 오고 있다.[38]

초기 활동한 비보이들로는 니가 트윈스Nigga Twins, 조조JoJo, 트랙2Track2, 줄루 킹즈의 비버Beaver, 스파이SPY

---

37 줄루 킹즈 오리지널 멤버는 아메드 헨더슨Ahmed Henderson, 아지즈 잭슨Aziz Jackson, 샤카 리드Shaka Reed, 쿠사 스톡스Kusa Stokes, 잠부 라이너Zambu Laner이다.

38 《Korean roc》 채널의 줄루 킹즈 에일리언 네스Alien Ness 인터뷰 및 에일리언 네스의 블로그에서 요약 인용.

서양 스트리트 댄스의 역사

등이 있고 현대 브레이킹의 움직임들은 이들로부터 파생되었다고 할 수 있다. 그들을 이어 2세대 비보이 크루인 록 스테디 크루와 뉴욕 시티 브레이커스New York City Breakers가 활동을 시작했다. 이 시점부터 브레이킹에서 파워 무브의 형태를 갖춘 동작들이 본격적으로 시작되었다. 현재 윈드밀windmill이라 칭하는 컨티뉴 백스핀continue backspin이 크레이지 레그에 의해 만들어지는 등[39] 여러 발전적 요소가 생겨났고 점차 브레이킹은 전 세계로 확산되어 부흥기를 맞게 된다.

1970년대 중후반 라틴계 최초의 브레이킹 크루 살 소울Sal Soul이 최초의 라틴계 비보이 배치Batch에 의해 결성되었고 그 후에는 미국의 백인들 및 전 세계의 젊은이들이 브레이킹을 즐기기 시작하였다. 그리하여 브레이킹의 독창성 및 아크로바틱한 기술의 끝없는 진보가 이

---

39 백스핀을 하던 도중 프리즈를 잡기 위해 몸을 틀던 것이 계기가 되어 윈드밀이 탄생하게 되었다고 알려져 있다. 이후 뉴욕 시티 브레이커스의 치노chino에 의해 더욱 발전하며 브레이킹의 대표적 동작이 되었다.

브레이킹

루어졌고 1990년대 초부터는 큰 규모의 비보이 배틀 대회인 <배틀 오브 더 이어Battle of the Year> 등도 이루어지기 시작하면서 브레이킹은 배틀로서의 새로운 문화 영역을 구축해 나가기 시작했다.

② DJ 쿨 허크DJ Kool Herc

DJ 쿨 허크(DJ Kool Herc)

쿨 허크의 본명은 클라이브 캠벨Clive Campbell이며, 자메이카의 킹스턴Kingston 출신이다. 쿨 허크는 댄스홀이라 불리는 자메이카의 스트리트 컬처 파티 문화 속에

서양 스트리트 댄스의 역사

A DJ KOOL HERC PARTY
BACK TO SCHOOL JAM
PLACE: 1520 SEDGWICK AVE. "REC ROOM"
DATE: August 11, 1973
TIME: 9:00 p.m. to 4:00 a.m.
AOMISSION: $. 25 LADIES ♡
$. 50 FEWAS
CIVEN BY: KOOL HERC
SPECIAL GUESTE: COCO, Cindy c, Klarkk, Timmy T

쿨 허크의 〈Back to School Jam〉 초대장
(연출된 이미지)

세지윅 애비뉴(Sedgwick Avenue) 아파트의 그래피티

서 성장했다. 자메이카 특유의 사운드 시스템과 디제잉
DJing을 익힌 쿨 허크는 당시 미국으로 이민이 한창이던
시기 미국 뉴욕의 브롱크스로 이주했고, 미국의 스트리
트 컬처를 흡수하게 되었다. 후에 힙합의 발상지이자 성
지가 되는 그의 아파트 세지윅 애비뉴Sedgwick Avenue에

브레이킹

**힙합의 발상지로 선정된
세지윅 애비뉴(Sedgwick Avenue)**

서 그의 동생 신디 캠벨 Cindy Campbell과 백 투 스쿨 파티, 블록 파티 등 수많은 파티를 열었다.

파티에서 디제잉을 맡은 쿨 허크는 펑크, 소울 등의 음악을 플레이하며 그의 파티에서 춤을 추던 댄서들을 주의 깊게 관찰하였다. 그는 댄서들이 가장 좋아하는 곡에서, 중간에 등장하는 짧은 브레이크 타임에 리듬 세션만 남겨 음악이 반복되는 구간들을 만들고, 각 레코드의 핵이 될 루프 라인을 재생하는 데 초점을 맞추었다. 그러던 중 음악이 중간에 끊기지 않게 하기 위해 같은 레코드를 턴테이블 두 개에 플레이하는 일명 '메리-고-라운드merry-go-round' 기법을 만들어 내는 혁신을 이루기도 했다.

서양 스트리트 댄스의 역사

곡 중간에 일정하게 플레이되는 브레이크 비트[40] 라인에
댄서들이 록 댄스를 추는 것에 착안하여 그들을 브레이
크 비트 보이break beat boy, B-boy라고 명명하였으며, 이
것이 브레이킹과 힙합 역사의 시발점이 되었다. 후에 미
디어를 통해 '브레이크 댄스'라고 알려지기도 하였으나
비보잉 혹은 브레이킹이 정확한 용어라고 할 수 있겠다.

③ 방송 및 영화를 통한 브레이킹의 전파
브레이킹이 전파된 주요 경위는 다음과 같다. 첫째, 록
스테디 크루의 최초의 힙합 영화 <와일드 스타일>(1983)
과 세계 투어를 통해 전 세계에 브레이킹이 전파되었다.
둘째로 켄 스위프트Ken Swift, 미스터 프리즈Mr. Freeze,
크레이지 레그Crazy Legs 등 록 스테디 크루가 출연한 영
화 <플래시댄스>(1983)의 개봉 역시 영향을 미쳤다. 셋
째는 실제 경쟁 관계였던 록 스테디 크루와 뉴욕 시티

---

40 댄서들이 좋아하는 드럼 비트를 두 개의 턴테이블을 사용하여
   길게 늘여 놓은 구간. 비보이들은 이 구간에만 나와서 춤을 추
   었다.

브레이킹

브레이커스의 대결 구도를 다룬 영화 <비트 스트리트>(1984)가 브레이킹의 배틀 문화를 대중에 소개하였다. 넷째, 1984년 LA 올림픽 개막식에서 뉴욕 시티 브레이커스의 공연을 통해 미국 사회를 대표하는 문화로 브레이킹이 격상하였다. 다섯째, 1985년 레이건 대통령의 취임식에서 뉴욕 시티 브레이커스가 공연을 하는 등 수많은 활동으로 전 세계에서 브레이킹의 인지도가 크게 올라갔다. 이외에도 1970년대 활동한 크레이지 커맨더스, 줄루 킹즈, 더 브롱크스 보이즈The Bronx Boys, 플로어 마스터 크루Floor Master Crew, 록 스테디 크루, 뉴욕 시티 브레

록 스테디 크루(Rock Steady Crew)

서양 스트리트 댄스의 역사

이커스 등 많은 크루의 활동에 힘입어 브레이킹은 전 세계의 사랑을 받는 스트리트 컬처로 거듭났다.

대표적 인물

① 켄 스위프트Ken Swift

켄 스위프트, 본명 케네스 제임스 가버트Kenneth James Gabbert는 록 스테디 크루의 멤버로 최초의 힙합 영화 <와일드 스타일>에 출연했다. 그 후 와일드 스타일 투어를 통해 전 세계에 브레이킹을 전파한 주역이다. 오리지널 파운데이션의 교과서로 불릴 만큼 빠르고 정교한 브레이킹을 구사했으며, 브레이킹에서 파운데이션이란 단순히 동작만을 언급하는 것이 아니라, 춤에 녹아 있는 정신과 철학의 조합, 그리고 리듬과 스타일 캐릭터, 태도를 말한다고 평하기도 했다. 켄 스위프트의 오리지널 스타일들은 브레이킹에 없어서는 안 될 필수 요소가 되었고, 수많은 투어와 공연 및 미디어 활동을 통해 전 세계에 브레이킹을 각인시킨 인물로 기록되고 있다. 브레이킹의 역사적 현장에는 그가 항상 함께했다고 할 만큼, 그의 존재 자체가 브레이킹의 역사이다.

② 미스터 프리즈Mr. Freeze

록 스테디 크루의 멤버이며, 본명은 마크 럼버거Marc Lemberger이다. 1963년 뉴욕 사우스 브롱크스South Bronx에서 태어난 댄서로, 화려한 풋워크를 비롯해 수많은 고유 테크닉으로 유명한 전설적인 브레이킹 댄서이다. 영화 <플래시댄스>의 브레이킹 장면의 주인공으로, 많은 이들에게 브레이킹에 관한 꿈을 갖게 한 장본인이며 영화 <비트 스트리트>, 다큐멘터리 <스타일 워즈Style Wars>(1983)를 비롯해 수많은 광고와 뮤직비디오에 출연함으로써 브레이킹 전파에 많은 공헌을 하였다.

③ 크레이지 레그Crazy Legs

본명은 리처드 콜론Richard Colon으로, 1966년 뉴욕 사우스 브롱크스 출신의 댄서이다. 록 스테디 크루의 수장이며 브레이킹의 대부godfather라고 불린다. 브레이킹의 대표적 테크닉인 윈드밀의 창시자이며 거침없는 풋워크

서양 스트리트 댄스의 역사

스타일을 구사하는 오리지널 스타일 비보이다. <플래시 댄스>와 <비트 스트리트>를 통해 대중에게 알려졌으며 록 스테디 크루의 멤버로서 힙합 문화의 정착과 전파에 많은 공헌을 했다.

④ 아프리카 밤바타Afrika Bambaataa

아프리카 밤바타(Afrika Bambaataa)

힙합의 대부라 불리며, 쿨 허크, 그랜드마스터 플래시Grandmaster Flash와 함께 힙합 문화를 대표하는 DJ로 손꼽힌다. 최초의 힙합 연합 줄루 네이션의 수장이며, 본명은 랜스 테일러Lance Taylor이다. 힙합은 평화, 연합, 사랑, 그리고 즐기는 것peace, unity, love and having fun을 추구하는 문화라는 개념을 처음으로 주창했다. <줄루 네이션 스로 다운Zulu Nation Throw Down>, <돈 스톱Don't Stop>, <일렉트로 살사

브레이킹

Electro Salsa〉 등 수많은 작품을 창작하며 활동을 지속하고 있다.

⑤ 비보이 스톰Bboy Storm

〈펑크 스타일러스 배틀〉 심사 위원으로 내한한 비보이 스톰(Bboy Storm)

독일 비보이 팀 배틀 스콰드Battle Squad를 대표하는 유일무이한 유럽 비보이계의 전설이다. 브레이킹의 다양한 요소들을 모두 섭렵하였으며 현재 메이저 세계 대회의 심사 위원으로 활약 중이다. 또한 브레이킹 배틀 심사 시스템 트리비엄Trivium을 만들어서 세계 선수권 대회 및 여러 대회의 심사 기준 마련에 공헌하였다.

서양 스트리트 댄스의 역사

브레이킹뿐만 아니라 파핑, 락킹 등의 춤을 섭렵한 올라운드 플레이어 댄서이다. 저자의 초청으로 방한하였고 한국의 여러 스타일 댄서들에게 존중의 마음을 나타내는 의견들을 피력하였다.

⑥ 록 스테디 크루Rock Steady Crew와 뉴욕 시티 브레이커스New York City Breakers

록 스테디 크루와 뉴욕 시티 브레이커스는 2세대 브레이킹 씬의 르네상스를 이끌었다고 평가받는 전설적인 두 팀이다. 1976년부터 1977년까지 활동한 록 시티 크루Rock City Crew를 베이스로 켄 스위프트, 미스터 프리즈와 동네 친구들이 모여 록 스테디 크루를 결성했다. 록 스테디 크루의 활동을 TV로 지켜보던 플로어 마스터 크루Floor Master Crew가 그들에게 배틀을 제안하여 1982년 네그릴Negril[41]에서 록 스테디 크루와 플로어 마스터 크루의 배틀이 열렸다.

이후 플로어 마스터 크루는 뉴욕 시티 브레이커스로

---

41 최초의 뉴욕 힙합 클럽.

브레이킹

이름을 바꾸었고, 두 팀은 강력한 라이벌 관계를 형성하며 브레이킹 씬을 이끄는 대표적 크루가 된다. 실제로 이들의 라이벌 관계를 줄거리로 하는 영화 <비트 스트리트>가 제작되어 두 크루가 출연하기도 하였다. 이 전설적인 두 크루는 영화와 CF 등 상업 활동 및 메가 이벤트 등에서 미국을 대표하는 힙합 문화의 메신저로서 기념비적인 공연들을 펼쳤고, 전 세계를 돌며 많은 이들에게 브레이킹 문화를 전파하였다.

브레이킹의 특징

① 댄서 인터뷰

브레이킹과 관련하여, 다양한 인물들과의 인터뷰를 통해 그 문화적 태생과 본질에 대해서 살펴보자.

서양 스트리트 댄스의 역사

록 스테디 크루 미스터 위글스 인터뷰[42]

〈펑크 스타일러스 배틀〉에 방문한 미스터 위글스(Mr. Wiggles)

Q. Was B-boy culture influenced by party culture? Or influenced by gangster culture?
비보이 문화가 파티 문화에서 영향을 받았는지 또는 갱스터 문화에서 영향을 받은 것인지?

A. Both. Gang culture but it was BREAK BEATS at the HERC JAMS that made the BBOYS GO OFF.
둘 다라고 생각한다. 갱 문화에서도 영향을 받았다. 하지만

---

42 저자의 직접 인터뷰, 2021-11-10.

비보이들을 나가게끔 한 것은 쿨 허크 파티의 브레이크 비트
(BREAK BEAT)에 맞춰 추던 잼이다.

Q. What culture was the beginning of the B-boy culture
based on?
비보이 문화는 어떤 문화를 기반으로 하는가?

A. BREAK BEATS, the music.
브레이크 비트, 음악이다.

Q. Is rock dancing the beginning of the B-boy culture?
록 댄스가 비보이 문화의 시초인가?

A. ROCKING influenced the TOP ROCK STYLE but not
FOOTWORK. As far as we know rockers did not do
footwork. And footwork is the basis of breaking. But we
are still researching this. Rock dance is closely related to
party dance.
로킹은 톱 록 스타일에 영향을 주었지만 풋워크에는 영향을

서양 스트리트 댄스의 역사

미치지 않았다. 우리가 아는 한 로커는 풋워크를 하지 않았다. 그리고 풋워크는 브레이킹의 기본이다. 그러나 우리는 여전히 이것을 연구하고 있는 중이다. 록 댄스는 파티 댄스에 가깝다.

오리지널 로커rocker **킹 업록**King Uprock **인터뷰**[43]

Q. Is it the late 60's when the up lock happened?
업 록이 생긴 시기가 60년대 후반이 맞는가?

A. It's late 60's.
60년대 후반이다.

Q. When was the first rock dance competition held?
최초의 록 댄스 대회는 언제 열렸나?

A. Yes rock dance contest was in held in 1973 in Bushwick Brooklyn at St. Barbara church. I change my name from

---

43 저자의 직접 인터뷰, 2021-08-14.

RC to king Uprock in 1980 in a contest to see who was the number one rocker.

최초의 록 댄스 대회는 1973년 브루클린 부시윅 바바라 성당에서 열렸다. 나의 닉네임은 1980년도에 열린 최고의 로커를 뽑는 대회에서 가지게 되었다.

Q. Is it true that it was born out of gang culture?
갱들의 문화로부터 탄생된 게 맞는가?

A. The rock dance was influenced by many from gangs. Not all rockers was influence. Rock dance was the first street dance.

록 댄스는 실제 갱들로부터 많은 영향을 받았다. 하지만 모든 록 댄서가 영향을 받은 건 아니다. 록 댄스가 첫 번째 스트리트 댄스이다.

서양 스트리트 댄스의 역사

리키 플로레스Ricky Flores와 촐리 록Cholly Rock 인터뷰[44]

"이것은 예술과 인간 사이의 회복적인 관계의 이야기입니다."라고 초기 비보이 하위문화를 포착한 브롱크스의 거리 사진작가 리키 플로레스Ricky Flores는 말한다.

브레이킹은 70년대에 브롱크스로부터 나타난 운동의 다섯 개의 주요 요소 중 하나였다. 그 당시 그 동네는 극심한 도시 붕괴의 대상이었다. 부동산 가치가 폭락하면서 사우스 브롱크스의 40% 이상이 1970년에서 1980년 사이에 불태워지거나 버려졌다. 브레이킹은 디제잉DJing, 엠씨잉Mcing, 글쓰기-그래피티writing-graffiti와 함께 잿더미에서 깨어났다.

"이것은 예술과 인간의 회복력, 그리고 비극적인 상황으로부터 자신을 재건하고 아름다운 것들을 창조하는 도구로써 예술을 사용하는 능력에 관한 이야기입니다."라고 유명한 거리 사진작가이자 초기 비보이 하위문화의 정신을 사로잡은 브롱크

---

44 Cassidy George, 저자 번역, <Exploring the birth of the b-boy in 70s new york>, 《i-D》, 2018-11-26.

브레이킹

스 토박이 리키 플로레스는 말한다.

"어떤 사람들은 힙합이 DJ로부터 시작된다고 말하지만, 사실 힙합 문화 자체는 비보이로부터 시작해요. 우리는 엑스팩터X factor[45]입니다."라고 1세대 비보이 앤서니 혼Anthony Horne 일명 촐리 록Cholly Rock은 말한다. 그는 뉴욕 전역의 라틴인들이 "로킹" 또는 "업 로킹"을 시작하면서 맘보에서 영감을 받은 최신 록과 소울 히트곡을 만들기 시작했던 60년대로 거슬러 올라간다. 로킹rocking은 배틀 댄스에서 영감을 받아 서로가 겨루는 것처럼 공연되었다. 이 도발적인 스타일은 반목하는 뉴욕 시티 갱 사이에서 인기를 끌었고, 특히 브롱크스에서 많은 이들이 추게 되었다.

동시에 배틀했던 이전의 록 댄서들과 달리, 비보이들은 노래의 휴식 시간 동안 주변 구경꾼들에 의해 만들어진 공간인 사이퍼Cypher[46]에서 교대로 춤을 추었다. 록 댄서들이 수

---

45 성공에 필수적인 특별한 요소.
46 춤을 추기 위해서 동그랗게 만들어진 대형. 또는 빈 공간에 댄서들이 한 명씩 나와 춤을 추는 행위를 말한다.

서양 스트리트 댄스의 역사

직으로 춤을 추는 동안, 비보이들은 인코퍼레이팅 프리즈 incorporating freezes, 드롭drops, 스핀spins과 같은 동작들을 통합하면서 바닥을 활용하며 춤을 췄다.

브레이킹은 라틴 타악기와 아프리카계 미국인의 멜로디를 결합한 70년대 초반의 빠른 템포 음악의 매우 구체적인 캐논에서 나왔다. "만약 여러분이 1세대 비보이였다면, 여러분은 12~13장의 레코드 세트를 구체적으로 언급할 수 있습니다." 라고 촐리 록은 말한다. 인크레더블 봉고 밴드Incredible Bongo Band의 <아파치Apache>, 제임스 브라운의 <기브 잇 업 오어 턴잇 어 루스Give It Up or Turnit a Loose>, 마빈 게이Marvin Gaye의 <T 플레이스 잇 쿨T Plays It Cool> 등 리듬 악기가 조용해지고 박자가 가장 근본적인 부분으로 떨어지면 모두 스톱 타임을 활용하고 곡의 브레이크break를 증폭시켰다. "원래 비보이 음반들은 모두 불명확했어요. 데니스 커피Dennis Coffey의 <스콜피오Scorpio>를 제외하고, 그것들은 B사이드 레코드 였어요. 히트곡은 아니었죠. 힙합의 초창기, <아파치>는 너무 소중하고 찾기 힘든 음반이었고, 비보이들은 그들과 함께 파티에 그것을 가지고 가곤 했어요. 그리고 브레이킹을 통해 다시

브레이킹

인기를 얻어서 음반이 재발매되었습니다."라고 록Rock은 말한다.

브롱크스의 DJ들이 브레이킹의 후원자가 된 것은 부분적으로 음악의 특수성 때문이었다. "당신이 정말 훌륭하고 자신을 증명하고 싶다면 쿨 허크 파티나 그랜드마스터 플래시 파티에 가야 합니다."라고 록은 설명한다. "특정 DJ들만이 비보이 레코드를 틀었기 때문에 만약 여러분이 비보이라면 그 파티에 참석해야 했습니다." 플로레스는 "우리는 DJ나 래퍼를 보러 파티에 가지 않았습니다."라고 회상한다. "우리는 댄서들이 춤추는 것을 보러 갔어요! 여러분은 사이퍼 안에 서서 여러분의 친구나 이웃이 즐기는 것을 볼 거예요!"

비보이에 대한 DJ들의 지지가 힙합 사운드의 초석이 될 브레이크 구간을 연장하는 것에 초점을 맞추어 음악적 혁신을 이끌어냈다. 비보이라는 이름은 DJ 쿨 허크에 의해 만들어졌지만, 첫 번째 B가 의미하는 것은 -비트 보이, 브롱크스 보이, 배틀 보이 또는 브레이크 보이-를 뜻하며 이러한 내용들은 여전히 댄서들과 역사학자들 사이에서 논쟁의 대상이 되고 있다.

서양 스트리트 댄스의 역사

② 배틀

<배틀 오브 디 이어Battle of the Year, BOTY>는 1990년대부터 독일에서 시작된 브레이킹 행사이다. 미국의 스트리트 컬처를 대표하는 브레이킹을 유럽인들이 배틀 형식의 대회로 처음 시작했다는 점과, 지엽적인 행사가 아니라 비보이들의 월드컵이라고 불릴 만큼 세계적인 대회로 발전했다는 것이 의미 있는 행사이다. 또한 파티 댄스로 시작했던 스트리트 댄스가 이 대회를 계기로 배틀 형식을 갖추어 경쟁하는 구조로 진화하는 시발점이 되었다.

<배틀 오브 디 이어> 이후 <유케이 비보이 챔피언십 UK B-boy Championships(1996)>, <레드불 비씨 원Red Bull BC One(2004)>과 같은 수많은 브레이킹 대회가 생겼고, 브레이킹에서 배틀 문화가 강조되며 많은 성장을 이루게 된다. 그런 성장을 바탕으로 항저우 아시안게임(2023)과 파리 올림픽(2024)의 정식 종목으로 채택되면서 브레이킹은 예술 장르이자 스포츠 영역으로 확대되는 양상을 띠게 된다.

BOTY 역대 우승 팀 목록

연도	국기	팀명	연도	국기	팀명
2022		The Ruggeds	2005		Last For One
2021		Jinjo Crew	2004		Gamblerz
2019		Last Squad	2003		Pockémon
2018		Jinjo Crew	2002		Expression Crew
2017		Flooriorz	2001		Wanted
2016		Flooriorz	2000		Flying Steps
2015		Flooriorz	1999		Suicidal Lifestyle
2014		Predatorz	1998		Rock Force
2013		Fusion MC	1997		Style Elements
2012		Vegabonds	1996		Toys in Effect
2011		Vegabonds	1995		The Family
2010		Jinjo Crew	1994		Vlinke Vuesse
2009		Gamblerz	1993		Always Rockin Tuff

서양 스트리트 댄스의 역사

2008	 Top 9	1992	Battle Squad
2007	Extreme Crew	1991	Battle Squad
2006	Vegabonds	1990	TDB

BOTY Worldfinal 공식 홈페이지
(https://www.boty-worldfinals-usc.com)

대한민국 브레이킹 국가 대표 선발전 무대
(사진 제공 : (사)대한민국댄스스포츠연맹KFD)

브레이킹

③ 대표적 동작

브레이킹을 형성하는 요소는 크게 톱 록, 다운 록, 프리즈, 파워 무브 네 가지로 나누어진다.

톱 록top rock은 비보이들이 일반적으로 서 있는 자세에서 추는 모든 동작을 통칭하며, 주로 다운 록에 들어가기 전에 많이 이용된다.

톱 록의 한 자세인 셔플 스텝
(비보이 '비스트')

다운 록down rock은 손을 땅에 짚고 스텝을 밟는 풋워크와 등과 배를 이용하여 땅 위를 훑고 다니는 플로어 워크floor work로 나누어진다. 대표적으로 식스 스텝six step, 파이브 스텝five step, 스리 스텝three step, 포 스텝four step, CC's, 스윙 스텝swing

식스 스텝
(비보이 '비스트')

서양 스트리트 댄스의 역사

step 등의 동작이 있다.

프리즈freeze는 고난이도 자세에서 멈춰 있는 동작이며, 주로 춤을 마무리할 때 사용되거나 다른 동작 사이의 연결기로 쓰는 등 극적인 장면을 연출하고자 할 때 많이 이용된다. 대표적으로 베이비 프리즈baby freeze, 숄더 프리즈shoulder freeze, 엘보우 프리즈elbow freeze, 에어 프리즈air freeze, 에어 베이비 프리즈air baby freeze 등이 있다.

에어 프리즈   **에어 베이비 프리즈**
(비보이 '러쉬')   **(비보이 '러쉬')**

파워 무브는 대단한 신체 제어 능력과 균형 감각을 필수로 하며, 거꾸로 서 있는 자세에서 상체 힘으로 하체의 회전을 만들어내는 곡예 동작이다. 대표적으로 머리를 땅에 대고 도는 헤드 스핀head spin, 등을 땅에 대고 도는 백스핀back spin, 백스핀에서 몸을 비틀어서 또 다시 백스핀 자세를 만드는 윈드밀windmill, 기계 체조에서 토마스thomas로 불리는 플레어flare 등이 있다.

헤드 스핀
(비보이 '그레이트 맨')

플레어
(비보이 '그레이트 맨')

서양 스트리트 댄스의 역사

브레이킹

와
킹

댄
스

POPPING
LOCKING
BREAKING
WAACKING
FREESTYLE HIPHOP
HOUSE
KRUMP
DANCEHALL

와킹 댄스의 정의

와킹은 1970년대 LA에 위치한 디스코 클럽에서 성 소수자들의 문화 속에서 생겨난 춤이다. 여성스러움을 나타내기 위한 과장된 몸짓과, 팔을 돌리거나 후려치는 동작에 다양한 포즈를 취하는 것이 특징이다.

와킹 댄스의 역사

① 와킹 댄스의 탄생

1974년, 당시 게이 클럽이었던 파라다이스 볼룸Paradise Ballroom의 DJ 마이클 안젤로Michael Angelo가 디스코 음악인 〈파파 워스 어 롤링 스톤Papa Was a Rollin' Stone〉을 최초로 틀었으며, 이 노래에 맞추어 포즈를 취하기 시작하면서 펑킹punking[47]이 시작되었다고 알려져 있다. 이후 1978년 지노스 II Gino's II 클럽에서 마이클 안젤로가

---

47 와킹이라 불리기 전의 이름.

서양 스트리트 댄스의 역사

마이클 안젤로(Michael Angelo)

언더그라운드 디스코 음악들을 틀며 성 소수자들 사이에서 유명해졌으며, 이 음악들은 후에 와킹을 추는 가장 기본적이며 중요한 음악이 되었다.

이러한 마이클 안젤로의 DJ와 댄서로서의 활약은 수많은 댄서들에게 영감을 주고 음악에 맞춰서 다양한 포징을 하는 형태의 움직임들이 생겨나기 시작하며 초기 펑킹 댄스의 토대를 마련하게 된다.

마이클 안젤로를 포함한 9명의 게이 댄서들은 그레타 가르보Greta Garbo, 매릴린 먼로Marilyn Monroe와 같은

와킹 댄스

클럽 지노스 II (Gino's II) 출입구

1920년대 영화배우들의 몸짓과 영화, 뮤지컬, 만화, 책, 애니메이션, 예술 작품 등에서 영감을 받았으며 그것들을 모방하면서 여러 가지 스타일의 펑킹 댄스가 탄생했다. 여성스러운 행동을 과장한 동작과 포즈에 다양한 애티튜드를 취하며 드라마틱한 연기를 하는 펑킹 댄서들은 서로에게 창의적인 영향을 미치며 펑킹 댄스의 정체성을 확립하기 시작했다.

러몬트 피터슨Lamont Peterson, 앤드루 프랭크Andrew Frank, 팅커 토이Tinker Toy, 마이클 안젤로, 빅터 마노엘Viktor Manoel 등을 포함한 9명의 게이 댄서가 있으며, 그 중에서도 현재 와킹 댄스 스타일은 팅커 트월tinker twirl 스타일[48]에서 영향을 많이 받았다. 또한 앤드루, 팅커,

---

48 팅커 토이가 만든 스타일로, 이소룡을 묘사하여 팔을 크게 돌리는 것이 특징이다.

서양 스트리트 댄스의 역사

로니Rony, 빌리 굿슨Billy Goodson 등 OG 펑킹 댄서들은
1979년 다이애나 로스Diana Ross의 콘서트에 대거 투입
되어 <러브 행오버Love Hangover>의 음악에 맞춰 함께 공
연하기도 하였다.

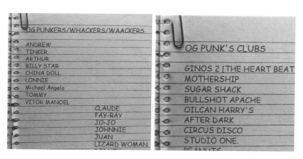

OG 펑커(punker), 와커(waacker) 명단, OG 펑크 클럽 명단
(연출된 이미지)

　와킹 댄스의 명칭은 펑킹punking에서 시작되었다. 펑
킹 댄스의 동작 중, 힘을 주어 팔로 무언가를 후려치는
듯한 움직임을 'WHACK'이라고 불렀다. 'WHACK'은 <
배트맨&로빈>이라는 TV 시리즈에서 인물들이 싸우는
장면에 나왔던 의성어인 'WHACK'에서 비롯된 말로, '후
려치다'와 같은 의미로 통한다.
　이 용어는 타이론 프록터Tyrone Proctor, 제프리 다니엘

Jeffrey Daniel, 조디 워틀리Jody Watley, 크리블랜드 모지스 주니어Cleveland Moses Jr., 샤론 힐Sharon Hill, 커트 워싱턴 Kirt Washington의 댄스 그룹 더 "아웃레이저스" 왁 댄서스 The "Outrageous" Waack Dancers에 의해서 소개되었다. 타이론은 멤버들에게 이 춤을 가르칠 때 "You gotta wack that arm", "You gotta wack that head"라고 하였고 제프리 다니엘은 '형편없는'이라는 뜻이 있는 'whack'과 구별하기 위해 두 개의 'a'를 넣어서 'waacking'으로 변화를 주었다. 이 댄스 그룹은 와킹뿐 아니라 로보팅roboting, 락킹 등 다양한 댄스 스타일을 소화하는 재능 있는 팀으로 활약하였다.

〈배트맨&로빈〉 시리즈의 효과음 'WHACK!'
(연출된 이미지)

서양 스트리트 댄스의 역사

② 와킹 댄스의 발전과 전파

　1970년대 후반 미국의 유명 TV 쇼 프로그램인 〈소울 트레인〉을 통해 다양한 장르의 스트리트 댄스가 소개되면서 와킹 역시 굉장한 인기를 얻었다. 1977년경 와킹은 여러 장르와 함께 추어졌으나 더 락커스의 멤버였던 샤바-두가 TV 쇼와 공연에서 와킹만을 단독으로 선보였다. 그는 이성애자 댄서로서 최초로 와킹을 배운 댄서이다. 이로 인해 언더그라운드 게이 컬처였던 와킹 댄스가 일반 사회에 소개되었고 많은 인기를 얻게 되었다. 또한 여성 와커인 롤리팝이 영화 〈브레이킹〉에서 에너지 넘치는 와킹을 선보이며 대중들에게 와킹 댄스를 알리는 계기가 되었다.

　1970년대 디스코의 열풍을 몰고 온 영화 〈토요일 밤의 열기Saturday Night Fever〉에는 비지스Bee Gees의 음악과 주인공 존 트라볼타John Travolta의 댄스가 있었다. 〈토요일 밤의 열기〉에서의 존 트라볼타의 댄스 동작은 〈소울 트레인〉에 출연한 소울 트레인 댄서들의 춤에서 영향을 받은 것이다.

　이후 80년대 중반 에이즈로 인해 OG 댄서들을 비롯해 마이클 안젤로가 사망하고(1996) 디스코의 유행이 끝나며 와킹 댄스의 행보는 주춤하게 되었다. 이후 2003년경 브라이언 그린Brian Green과 아치 버넷Archie Burnett을 통해 와킹이 현대 댄스 씬에 다시 소개되었고 1970년대에 <소울 트레인>에서 파티 댄스와 와킹 댄스를 추었던 타이론이 2008년에 재등장을 하며 다시금 와킹 댄스가 전 세계에 알려지게 되었다.

대표적 인물

① 마이클 안젤로Michael Angelo

일본인과 미국인(멕시칸) 부모 사이에서 태어난 마이클 안젤로는 파라다이스 볼룸과 지노스Ⅱ라는 게이 클럽의 DJ로 활동하던 초창기 펑킹 댄서이다. 그가 플레이했던 디스코 음악들은 후에 와킹을 추는 가장 기본적이며 중요한 음악이 되었다. 마이클 안젤로는 '펑킹punking'이라는 용어를 사용한 초기 댄서 중 한 명으로 알려져 있다. 그 당시 펑킹을 추던 게이 댄서들은 마이클 안젤로

서양 스트리트 댄스의 역사

의 움직임에 영향을 받아 여러 형태로 동작들을 변형하여 개성 있는 몸짓들을 구현하기 시작하였다.

② 빅터 마노엘Viktor Manoel

현재 생존해 있는 몇 안 되는 펑커 중 한 명이다. 2014년 저자가 직접 개최한 <펑크 스타일러스 배틀>에 방문해, 심사 및 워크숍에 참여해 한국의 댄서들에게 펑킹과 와킹의 역사를 정

〈펑크 스타일러스 배틀〉의 심사 위원으로 내한한 빅터 마노엘(Viktor Manoel)

리해 주었다. 현재는 멕시코, 스페인, 베트남, 베네수엘라에 I.H.O.A.PInternational House of Artistic Punking라는 펑킹 & 와킹 댄스 크루를 만들어 세계적으로 펑킹과 와킹을 알리는 데 힘쓰고 있다. 당시 지노스II 클럽의 현장 분위기와 펑킹에 관한 증언을 할 수 있는 살아 있는 레전드이다.

③ 샤바-두 Shabba-Doo

샤바-두(Shabba-Doo)

아돌포 퀴논즈, 일명 샤바-두는 1955년 5월 11일 시카고에서 태어났으며, 영화배우, 댄서, 그리고 안무가로 활동했다. 샤바-두는 〈샤바두 쇼〉를 TV에서 단독으로 선보이는 등 스트리트 댄서 최초로 쇼 프로그램을 진행했고, 그 쇼에서 락킹과 파핑 그리고 와킹 등의 댄스 스타일을 동시에 선보였으며 게이 커뮤니티의 댄스를 이성애자의 사회로 가져오는 데 결정적인 역할을 하였다.

락킹의 마스터이자 파핑, 업 록 등 여러 스타일에 능통한 댄서로서 와킹을 주류의 댄스 반열에 올려놓은 인물 중 한 명이다. 저자의 연구 팀과의 여러 차례 인터뷰를 통해 1970년대 후반에서 80년대 초의 와킹 역사에 대한 증언을 해 주었다.

서양 스트리트 댄스의 역사

④ 타이론 프록터 Tyrone Proctor

타이론 프록터(Tyrone Proctor)

소울 트레인 갱 출신인 타이론 프록터는 1970년대 중반부터 와킹을 춰 왔다. 왁wack이라는 용어를 처음 만든 인물로 알려져 있으며 TV 쇼 <소울 트레인>을 통해 유명세를 얻었다. 여러 아티스트들과 무대에 서며 다양한 활약을 한 타이론은 후에 뉴욕으로 이주해 팀 브리드 오브 모션Breed of Motion에 들어가서 아치 버넷과 윌리 닌자Willi Ninja와 같은 댄서들과 함께하며 와킹의 또 다른 전성기를 이끌어낸 장본인이다. 각국의 후배 댄서들과 함께 세계적으로 와킹을 전파하는 데 큰 역할을 하였고 아시아 댄서를 비롯해 현재 와킹을 하는 수많은 댄서들을 양성하며 와킹 씬의 발전에 지대한 공헌을 하였다.

와킹 댄스

⑤ 롤리팝Lollipop

본명은 아나 산체스Ana Sanchez로, 가족들은 모두 댄서였다. 부모님과 언니는 살사 댄스를 추었고 오빠는 뮤지컬 형식의 춤을 추었다. 그래서 살사, 발레, 재즈, 탭 댄스 등 수많은 장르의 춤을 배웠다. 아나는 13살 때 TV 쇼에서 토니 배질을 보고 처음 스트리트 댄스를 접하였다. 아나는 데비 맥케이Debi McKay라는 댄서를 통해 처음 락킹을 배우고, 14살 때, 퍼니 번치Funny Bunch라는 팀에 들어가 많은 경험을 하게 되었다.

아나는 1970년대 후반 와킹을 처음 보았는데, 당시에는 와킹이 아니라 펑킹이라 불렸다. 락킹과는 너무도 다른 느낌을 가진 와킹의 매력에 빠진 그녀는 영화 <브레이킹>에서 파워 넘치는 와킹 댄스를 선보여 수많은 젊은 이들에게 깊은 인상을 남겼다.

2011년 저자가 개최한 <펑크 스타일러스 배틀>의 심사와, 워크숍을 통해 한국 댄서들에게 와킹의 역사와, 시대상, 그녀만의 와킹 댄스의 지식들을 알려 주었고, 우리나라는 물론 일본, 중국, 대만 등 많은 국가에 와킹을 전파하고 있다.

서양 스트리트 댄스의 역사

⑥ 아치 버넷Archie Burnett

**〈펑크 스타일러스 배틀〉심사 위원으로
내한한 아치 버넷(Archie Burnett)**

아치 버넷은 뉴욕에 기반을 둔 하우스 오브 닌자House of Ninja의 그랜드 마스터grand master이다. 그는 미국 언더그라운드에서 등장한 두 가지 형태의 댄스인 와킹과 보깅voguing에 대해 섭렵하고 있는 댄서이다.

그는 뉴욕의 가장 핫한 언더그라운드 클럽에서 30년 동안 춤을 추면서 독특하고 강한 자신만의 댄스 스타일을 완성했고 세계 여러 곳에서 워크숍에 참여하고 심사 위원으로 활동하며 자신의 춤을 전파하였다. 그는 6명의 댄서들의 삶과 라이프 스타일을 연대순으로 기록한 다큐멘터리 〈체크 유어 바디 엣 더 도어Check Your Body at the Door〉에 출연하기도 하였는데 무용 역사가 닥터 샐리 R. 소머Dr. Sally R. Sommer에 의해 제작되었다.

와킹 댄스

저자의 초청으로 심사와 워크숍을 진행하기도 했던 아치 버넷은 한국의 와킹 댄서들에 대한 무한한 사랑과 존경을 나타내기도 하였다. 마치 모델이나 배우가 포징이나 연기를 하는 듯한 와킹을 선보이며 오리지널 펑커의 모습들을 연상할 수 있는 기회를 만들어 주었다. 친절하고 따뜻한 마인드로 타이론과 함께 이 시대의 와킹을 만들어 온 인물이다.

와킹 댄스의 특징

① 와킹 댄스에 영향을 준 음악

와킹은 주로 펑크와 디스코 음악에 추어졌으며, 1970년대부터 1980년대 초반까지 전성기를 누렸다. 펑크 음악은 소울, R&B, 재즈 등의 장르에서 영향을 받았으며 싱커페이션이 많이 들어간 베이스, 관악기, 리듬 기타, 소울이 강한 보컬 등의 요소가 특징이다. 1970년대 이후에는 발전된 음악 제작 기술로 대중화되어 펑크, 소울, 라틴 음악에서 영향을 받아 탄생한 디스코 음악이 주류

서양 스트리트 댄스의 역사

를 이루기 시작했다.

1970년대 흑인과 게이가 즐기던 음악으로 시작해 전세계가 사랑하는 음악으로 성장한 디스코 음악은 디스코 댄스와 와킹의 문화적 배경이 되었다. 디스코와 함께 폭발적으로 성장과 번성을 이루던 와킹은, 디스코 음악의 유행이 쇠퇴하면서 첫 번째 전성기의 막을 내리게 되었다.

그 후 약 40년의 시간이 지난 현재 와킹은 타이론 프록터와 아치 버넷의 노력에 의해 아시아를 비롯한 여러 나라에서 다시 한번 사랑받는 스트리트 댄스 장르가 되었으며 살사나 라틴 댄스 등 다양한 춤들과 접목하며 급성장하고 있다. 이는 수많은 댄서들의 노력이 이룬 결과이며 이러한 노력을 통해 와킹 댄스는 제2의 전성기를 맞이하고 있다.

와킹 댄스

와킹 댄스에 영향을 준 대표적인 가수와 곡은 다음과 같다.

도나 서머Donna Summer

미국의 싱어송라이터로, 배우 활동을 하기도 했다. 디스코 시대를 이끈 가수 중 한 명으로 꼽히는 인물이며, 와킹 댄스에도 많은 영향을 주었다. 대표적인 곡으로 <핫 스터프Hot Stuff>, <배드 걸스Bad Girls>, <쉬 웍스 하드 포 더 머니She Works Hard for the Money>, <라스트 댄스Last Dance> 등을 들 수 있다.

다이애나 로스Diana Ross

미국의 가수이자 배우, 음악 프로듀서. 1960년대의 대표적인 여성 그룹 중 슈프림스Supremes의 리드 보컬이었으며, 1970~1980년대의 솔로 활동 기간 동안 가장 성공한 여성 보컬 중 한 명으로 꼽혔다. 대표적인 곡으로는 <러브 행오버Love Hangover>, <이즈 온 다운 더 로드Ease on Down the Road>, <더 보스The Boss>, <업사이드 다운Upside Down> 등이 있다.

서양 스트리트 댄스의 역사

티나 터너 Tina Turner

미국에서 태어난 스위스의 가수이자 배우이며 세계에서 가장 성공한 여성 로커Rocker 중 한 명이다. 로큰롤의 여왕이라고 불리며 힘 넘치는 보컬과 멋진 퍼포먼스로 사랑을 받았다. 대표적인 곡으로는 〈펑키 스트리트 Funky Street〉, 〈치킨Chicken〉, 〈필 굿Feel Good〉, 〈아이 워너 테이크 유 하이어I Wanna Take You Higher〉, 〈홍키 통크 우먼Honky Tonk Woman〉 등이 있다.

와킹 댄스

프리스타일 힙합 댄스

POPPING
LOCKING
BREAKING
WAACKING
FREESTYLE HIPHOP
HOUSE
KRUMP
DANCEHALL

힙합의 정의

① 힙합의 탄생과 배경, 오해

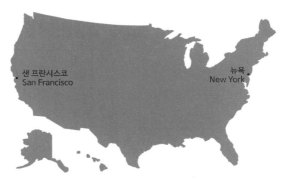

미국 전역 지도

힙합은 1970년대 초중반 미국 동부 뉴욕의 브롱크스를 중심으로 한 흑인, 히스패닉들의 스트리트 컬처로부터 시작하였다.

이주 외국인으로서 흑인과 히스패닉은 미국 주류 사회에 편입되지 못하고 빈민의 고달픈 삶을 살았지만, 문

서양 스트리트 댄스의 역사

화로서의 힙합은 슬픔과 한에서 나왔다기보다는 자유로운 삶의 형태에서 자연스럽게 발생하였다고 할 수 있다. 힙합은 그 자유로움을 바탕으로 랩, 댄스, 그래피티, 패션 등 많은 예술의 형태로 발전하였다.

힙합과 스트리트 컬처의 의미 범주

그 후, 브레이킹과 랩 음악이 세계적으로 유행하면서 힙합 문화 역시 세계 젊은이들이 사랑하는 문화 중 하나로 성장하게 된다. 하지만 힙합 문화가 전 세계에 알려

프리스타일 힙합 댄스

지고 유행하게 되면서 여러 가지 오해들도 생겨났다. 대표적으로는 모든 스트리트 댄스 장르들을 포함하는 뜻으로 힙합 댄스를 이해한다거나 더 나아가 힙합 문화가 스트리트 컬처와 흑인, 히스패닉 문화 전체를 아우르는 우산의 역할을 한다는 개념도 대표적인 오류의 사례이다. 또 하나 덧붙이자면 힙합 댄스라 지칭할 때, 첫 번째 세대의 힙합 댄스인 브레이킹과 프리스타일 힙합 댄스를 구분하여 사용해야 한다는 것도 기억해야 할 점이다. 일반적으로 MCrap, 디제이DJ, 그래피티graffiti, 춤breaking 을 힙합의 4대 요소로 꼽는다.

② 힙합 용어의 시작과 의미

1979년 슈가힐 갱Sugarhill Gang의 <래퍼스 딜라이트 Rapper's Delight> 도입부를 통해 구전으로 떠돌던 슬랭인 힙합이라는 단어가 처음으로 대중들에게 알려지게 되었다. 이후 힙합은 'Let's go together'를 슬로건으로 '함께 가자', '다 같이 놀자'라는 뜻을 시작으로 여러 가지 문화적 의미로 쓰이게 되었다. 힙합 컬처는 뉴욕의 브롱크스, 브루클린의 스트리트 컬처에서 시작되었다.

서양 스트리트 댄스의 역사

프리스타일 힙합 댄스의 역사

① 프리스타일 힙합 댄스의 탄생

슈가힐 갱(Sugarhill Gang)의 〈래퍼스 딜라이트〉
(연출된 이미지)

1972년부터 1979년까지 힙합 음악은 앨범 작업이 이루어지지 않았는데 이는 브롱크스의 래퍼들이 힙합 음악을 단순히 파티 음악으로 인식했기 때문이다. 그러던 중 1979년 최초의 랩 음반인 슈가힐 갱의 <래퍼스 딜라이트>가 발매가 되었고 그 곡 안에 힙합이라는 단어가 등장한다. 대중들의 많은 관심을 받게 된 이 앨범을 시작으로 커티스 블로Kurtis Blow, 빅 대디 케인Big Daddy Kane, 런 디엠씨Run D.M.C 등 유명한 힙합 뮤지션들이 대거 등장하며 힙합 음악의 전성기를 맞이하였다.

특히 1984년에 등장한 런 디엠씨는 <서커 엠씨스 Sucker M.C.'s>를 통해 기존의 슈가힐 밴드와 그랜드마스터 플래시 앤 더 퓨리어스 파이브Grandmaster Flash and the Furious Five가 했던 밴드 음악과는 다른 스타일을 보여주었다. 런 디엠씨는 흑인들의 뿌리를 지키는 음악을 콘셉트로 하였으며, 그 당시 흑인들의 스트리트 패션 스타일로 옷을 입으며 많은 사랑을 받았다. 또한 런 디엠씨는 밴드 에어로스미스Aerosmith의 <워크 디스 웨이Walk This Way>라는 곡을 샘플링해서 힙합 음악이 다른 장르의 음악과 만나게 되는 음원을 발표하기도 했다.

이후 기존 R&B 음악에 힙합 음악의 요소가 결합하면서 탄생한 뉴 잭 스윙new jack swing은 1980년대 후반부터 1990년대 초반까지 선풍적인 인기를 끌었다. 이 장르의 선구자는 프로듀서 테디 라일리Teddy Riley와 버나드 벨Bernard Belle로, 역동적인 리듬과 부드러운 보컬, 그리고 로맨틱하고 섹슈얼한 가사가 어우러지는 혁신적인 스타일을 만들어냈다. 그 당시 비평가들은 '그들이 뉴 잭 스윙이라는 섹시하고 감정적인 음악을 선보이며 혁명을 촉발시켰다.'라고 평가했으며, 이후 뉴 잭 스윙은 뉴 키즈 온 더 블록New Kids on the Block과 같은 인기 있는 그룹을 통해 주류 백인층에게도 퍼졌다. 또한 바비 브라운Bobby Brown, MC 해머MC Hammer, 자넷 잭슨, 바닐라 아이스Vanilla Ice 등의 뮤지션들이 등장하였고 음악뿐만 아니라 그러한 음악에 맞춰 춤을 추는 댄서들이 생겨나기 시작했다.

뉴 잭 스윙 댄스는 많은 뮤지션과 댄서들의 여러 방송 무대와 뮤직비디오를 통해 등장하여 전 세계로 퍼져 나갔다. 프리스타일 힙합 댄스라는 이름보다 러닝맨running man, 로저 래빗roger rabbit, 해피 피트happy feet 등 다양한 동작들이 뉴 잭 스윙이라는 이름으로 대중들에게 알려졌으며 세계적으로 선풍적인 인기를 끌다가 힙합 음악의 유행과 함께 프리스타일 힙합 댄스의 올드스

프리스타일 힙합 댄스

쿨oldschool로 자리매김하며 여전히 우리 옆에 남아 있는 힙합 댄스 클래식이 되었다.

프리스타일 힙합 댄스는 대략 1984년 말에 시작되었다. 펑크 스타일 댄스와 브레이킹이 알려지면서 몇몇 비디오, 광고와 함께 <브레이킹>, <브레이킹 2>, <비트 스트리트> 등의 영화가 개봉하였고 그 인기가 절정에 달하였다. 이후 1984년 즈음에는 펑크 스타일 댄스와 브레이킹의 인기가 점점 시들해지고 있었다. 그 상황은 1986년까지 계속되다가 1986년 유니언 스퀘어Union Square라는 클럽에서 부다 스트레치Buddha Stretch, 스론THRONE, 피터 폴Peter Paul, 다닐로Danilo가 함께 공연하게 되었는데, 이들은 이전까지 뉴욕에서 유행하던 춤들을 한데 섞어서 선보였고 폭발적인 반응을 불러일으켰다. 그 당시 유행하던 춤으로는 스머프smurf, 왑wop, 해피 피트, 필라fila 등 많은 춤들이 있었다. 이처럼 기존의 파핑, 락킹, 브레이킹 같은 올드스쿨에 그 당시 유행하는 여러 스타일의 춤을 한데 섞어서 랩 음악에 맞춰 추는 춤이 곧 현

서양 스트리트 댄스의 역사

재의 프리스타일 힙합 댄스[49]의 시초라고 할 수 있다. 대표적인 프리스타일 힙합 댄스 크루는 맙탑 크루Moptop Crew와 맙탑 크루에서 가장 실력 있는 팀원들로 구성된 엘리트 포스 크루Elite Force Crew, 미스피츠Misfitss 등이 있다.

맙탑 크루의 초창기 정식 멤버는 부다 스트레치, 헨리 링크Henry Link, 칼리프 셀러Caleaf Sellers, 이조 윌슨Ejoe Wilson이었다. 이후 추가된 멤버로는 피터 폴Peter Paul, 라미어Rameer, 톤Tone, 캐스퍼Casper, 에이드Ade, 루스 조인트Loose Joint가 있다. 하지만 이들 외에도 1991부터 1992년까지 클럽에서 함께 춤추고, 비디오를 찍는 등 같이 어울렸던 모든 멤버들이 맙탑 크루로 알려지게 되었다. 1992년 Alive TV에서 방영된 <레킨 숍 라이브 프롬 브루클린Wreckin' Shop Live from Brooklyn>이라는 힙합 다큐멘터리에서 맙탑 크루의 멤버를 확인할 수 있다.

---

49 프리스타일 힙합 댄스는, 결국 장르를 구분하지 않고 자유롭게 크로스오버하며(프리스타일), 랩 음악(힙합)에 맞춰 춤을 춘다(댄스)는 의미라고 할 수 있겠다.

프리스타일 힙합 댄스

맙탑 크루의 멤버들은 활동 범위에 따라 두 팀으로 나뉘게 되었는데, 춤과 함께 음반 프로듀싱을 하며 뮤지션으로 활동하기도 했던 미스피츠와 뮤직비디오 활동을 통해 만들어진 엘리트 포스 크루가 바로 그들이다.

미스피츠의 정식 팀 명칭은 미스티디오스 미스피츠Mystidious Misfitss이며 미스miss와 피츠fits의 합성어로 '피트fit가 맞지 않는', '밸런스가 맞지 않는' 등의 반항적인 의미를 내포하고 있다. 이 팀의 현재 정식 멤버로는 러버 밴드Rubber Band, 마퀘스트 워싱턴Marquest Washington, 피카부Peek A Boo가 있다. 이들은 춤뿐만 아니라 음반 프로듀싱이나 뮤지션으로도 활동을 한 크루이다. 또, 구성원인 마퀘스트는 인터뷰 중 '20년 동안 나는 랩을 하고 음악을 만들고 프로듀서로서의 능력을 키워 왔다. 이것들 또한 내가 사랑하는 것들이기에 이 모든 것들이 힙합이다. 댄스, 음악, 그래피티, 패션 모두다.'라고 말했을 정도로 이들은 엔터테인먼트를 중요시했다.

서양 스트리트 댄스의 역사

② 프리스타일 힙합 댄스의 발전과 전파

프리스타일 힙합 댄스를 세계적으로 전파하고 대중화
하는 데 가장 큰 역할을 한 엘리트 포스 크루는 1992년
마이클 잭슨의 <리멤버 더 타임Remember the Time>의 뮤
직비디오에 출연하기 위해 만들어진 팀이다. 뮤직비디
오를 제작할 당시 댄스 퍼포먼스에서 가장 뛰어나고 열
심히 했던 댄서들을 맨 앞에 배치했는데. 그때 배치되었
던 댄서들로 팀을 구성한 게 바로 엘리트 포스 크루다.
마이클 잭슨과의 협업 이후 엘리트 포스 크루는 대중들
에게 주목받게 되었고, 여러 가수들의 뮤직비디오 및 TV
프로그램, 다큐멘터리, 음악 콘서트 등에서 활동하게 되

엘리트 포스 크루(Elite Force Crew)

었다. 현재 엘리트 포스 크루의 멤버들로는 부다 스트레치, 헨리 링크, 브루클린 테리Brooklyn Terry, 바비 마일리지Bobby Mileage, 이조 윌슨, 루스 조인트가 있다.

　엘리트 포스 크루의 활약으로 미디어를 통해 힙합 댄스가 널리 알려졌다. 그들은 유튜브에 게시한 올드스쿨[50], 미들스쿨, 뉴스쿨[51] 딕셔너리와 수많은 워크숍을 통해 프리스타일 힙합 댄스의 기본적인 동작들을 전파하였다. 올드스쿨의 동작들로는 스머프, 프렙prep, 리복reebok, 왑, 캐비지 패치cabbage patch, 해피 피트, 필라가 있고, 뉴스쿨의 동작들로는 모네스테리monestary, 스키터 래빗skeeter rabbit, 뱅크헤드 바운스bankhead bounce, 할렘 셰이크harlem shake, 에이티엘 스텀프ATL stomp, 런 잇run it,

---

50　'구식의', '전통적인'이라는 사전적 의미가 있으나 춤에서의 올드스쿨이란 시대를 나누는 기준 혹은 춤의 기준이 되는 뜻으로 많이 쓰인다. 시대를 관통하며 가치를 증명하는 클래식의 의미를 내포하고 있다. 파핑, 락킹, 브레이킹, 와킹 등이 스트리트 댄스의 올드스쿨 장르이다.

51　춤에서의 의미는 올드스쿨을 바탕으로 나온 새로운 형식의 춤들을 말한다. 온전히 새롭고 다른 춤이 아닌 기존의 문화와 춤을 기반으로 생성된 또 다른 춤들을 말한다.

서양 스트리트 댄스의 역사

씨-워크C-walk, 톤-왑tone-whop, 레킨 숍wreckin' shop 등 다양한 동작들이 있다.

이들에게 영향을 받아 유럽과 아시아 등 세계 각국에서 댄서들이 저마다 힙합 댄스를 발전시켜 나가고 있다. 특히 유럽에서는 스트리트 댄스 문화를 수용하여 <서머 댄스 포에버Summer Dance Forever>, <저스트 데부Juste Debout>, <에스디케이 유럽SDK Europe>과 같은 세계적인 대회를 개최하는 등 다양한 움직임을 보이고 있으며, 유럽의 대표적인 힙합 댄서로는 미치Meech, 조셉 고Joseph Go, 니아코Niako, 아이씨Icee, 레스 트윈스Les Twins, 마지드Majid 등이 있다. 춤의 특성상 다양한 음악과 새로 개발되는 여러 댄서들의 무브들을 흡수하여 점점 더 발전하고 있는 현재 진행형의 춤이다.

프리스타일 힙합 댄스

대표적 인물

① 헨리 링크Henry Link

헨리 링크(Henry Link)

브루클린에서 태어나고 자란 헨리 링크는 둘째 누이가 춤을 추는 모습을 보고 처음 춤을 추기 시작하였다. 락킹, 파핑, 프리스타일, 브레이킹이 등장한 직후 헨리는 이러한 스타일의 춤에 매료되었고, 그 후로 이러한 춤들을 쉴 새 없이 연습하고 많은 지역의 이벤트에 참가하여 우승을 차지하면서 자신감을 갖기 시작하였다.

18세에 카나시 고등학교Canarsie High School를 졸업한 후 로지 퍼레즈Rosie Perez를 만난 것이 기회가 되었다. 퍼레즈를 만난 후 그의 댄스 및 안무 경력은 빛을 발하게

서양 스트리트 댄스의 역사

되었고, 이후 마이클 잭슨과 머라이어 캐리Mariah Carey 의 뮤직비디오에 참여하면서 성공을 거두게 되었다.

저자의 초청으로 한국에 여러 차례 방문한 그는 오늘 날 엘리트 포스 크루의 창립 멤버로 프리스타일 힙합계 의 살아 있는 전설이다. 한국 워크숍 내용과 저자와의 인터뷰를 통해 음악에 맞춰 춤을 추는 타이밍의 중요성 에 대해서 설명하였고 음악의 악기 파트 등을 구분해서 표현하는 디테일한 지점을 강조하였다. 또한 파핑, 락 킹, 하우스 등 시대별 스트리트 댄스들을 섭렵하고 각 스 타일의 리듬 등을 여러 춤과 함께 보여주는 등 마스터 댄 서로서의 면모를 유감없이 발휘하였다.

② 부다 스트레치Buddha Stretch

본명은 에밀리오 오스틴 주니어Emilio Austin Jr.로, 엘리 트 포스 크루와 맙탑의 댄서이자 안무가이다. 뉴욕 브루 클린에서 태어나고 자란 부다 스트레치는 어렸을 때부 터 춤을 췄던 아버지 에밀리오 오스틴Emilio Austin의 영 향을 받아 댄서로 성장하였다. 프리스타일 힙합 댄스의 혁신가로 꼽히는 부다 스트레치는 마이클 잭슨, 윌 스미

프리스타일 힙합 댄스

부다 스트레치(Buddha Stretch)

스Will Smith, 라 디가Rah Digga 및 머라이어 캐리와 같은 아티스트들의 안무가와 댄서로 활동하였다.

다이애나 로스와 <워킹 오버타임Working Overtime>의 뮤직비디오 오디션에 참여했을 때, 부다 스트레치는 그의 첫 번째 댄스 크루인 맙탑의 멤버들을 만났다. 그들은 뉴욕의 밤거리에서 서로 어울리기 시작했고 나중에 크루를 결성했다. 스트레치는 후에 다큐멘터리, 뮤직비디오, 라이브 쇼 및 수많은 해외 프로젝트에 출연한 엘리트 포스 크루라는 팀을 구성했다.

서양 스트리트 댄스의 역사

그의 첫 번째 안무 작업은 조스키 러브Joeski Love의 <피 위 댄스Pee Wee Dance>를 위한 것이었고 로지 퍼레즈, 윌 스미스와 같은 아티스트들과 작업을 계속했다. 그중에서도 그가 말하는 가장 기억에 남는 경험은 마이클 잭슨의 <리멤버 더 타임> 뮤직비디오 작업이라고 한다. 그는 윌 스미스의 <맨 인 블랙Man In Black>, <겟인 지기 윗 잇Gettin' Jiggy Wit It> 작업을 통해 마이애미에서 열린 MTV 어워즈에서 베스트 코레오그래피best choreography 후보에 올랐다.

프리스타일 힙합 댄스의 첫 번째 안무가의 위치에 있으며 엘리트 포스 크루의 핵심 멤버인 부다 스트레치의 독특한 댄스 스타일은 수많은 스트리트 댄서들에게 많은 영향을 주었다. 이는 클럽, 잼, 비디오 등 오늘날 프리스타일 힙합 댄스를 볼 수 있는 모든 영역에서 확인할 수 있다.

한국 워크숍에 방문한 부다 스트레치는 힙합 컬처와 세대별 힙합 댄스 등 그 당시 시대상과 매칭되는 춤들을 설명해 주었고 문화로서의 힙합에 대한 역사를 정리해 주었다. 또한 파핑과 락킹 댄스에도 조예가 깊어, 프리스타일 힙합 댄스의 본질을 이해할 수 있게 전달해 주었다.

③ 루스 조인트Loose Joint

지난 30년 동안 루스 조인트로 더 잘 알려진 자멜 브라운은Jamel Brown 맙탑 크루의 멤버이자 엘리트 포스 크

루스 조인트(Loose Joint)

루의 창립 멤버이고 40년의 문화 경험을 가진 뉴욕 출신의 프리스타일 힙합 댄서이다.

뉴욕에서 나고 자란 10대 초반의 그는 건물 복도에서 붐 박스를 들고 큰 은행 창문을 거울 삼아 대리석 바닥에서 춤 동작을 연습하던, 브레이킹 및 일렉트릭 부기 스타일 댄서였다. 루스 조인트는 영화 <와일드 스타일>, <플래시댄스> 및 <브레이킹>의 성공에 힘입어 1984년 극장에서 개봉한 힙합 영화 <비트 스트리트>의 주요 댄서로 출연하게 되었다.

그는 TV 프로그램, 광고, 영화 등에 출연했으며, 이후 1980년대 후반과 1990년대 전반에 걸쳐 프리스타일 힙합 댄서 및 안무가로 활동했다. 마이클 잭슨의 <리멤버 더 타임>, 레킨 숍 다큐멘터리, 머라이어 캐리의 <드림러버Dreamlover>, 윌 스미스의 <겟인 지기 윗 잇> 및 마이애미 비디오, 제이-지JAY-Z의 <선샤인Sunshine>과 같이 아티스트를 위해 루스는 90년대까지 크루들과 함께 공연하며 수많은 나라를 여행했다.

그가 심사하고 공연한 전 세계의 셀 수 없이 많은 다수의 행사가 있으며 그 이후로 그는 지난 30년 동안 전 세계의 젊은 세대의 댄서들과 그의 지식과 경험을 공유하는 것을 멈추지 않고 있다.

④ 마퀘스트 워싱턴Marquest Washington

마퀘스트 워싱턴(Marquest Washington)

뉴욕 브루클린 출신의 댄서로, 미스티디오스 미스피츠의 멤버이다. 마돈나와 머라이어 캐리 등 유명 아티스트의 뮤직비디오와 투어에 참가했으며, 프리스타일 힙합 댄스의 성장과 전파에 많은 역할을 하였다. <저스트 데뷔>와 <저스트 배틀Just Battle> 등 해외 유명 배틀의 심사 활동을 하며 현재까지도 힙합 문화와 함께하고 있다. 뉴스쿨의 대표 댄서 중 한 명으로, 도쿄의 맥스 세이지로 MAX Seijiro와의 인터뷰에서 올드스쿨의 중요성을 강조하며 배틀보다는 문화를 사랑하라는 중요한 메시지를 남겼다.

서양 스트리트 댄스의 역사

걸스 힙합

힙합 댄스 중에서도 여성적인 선과 느낌이 부각되는 스타일의 춤을 걸스 힙합이라고 한다. 걸스 힙합 춤의 형태는 걸스 힙합이라는 명칭이 생기기 이전부터 존재했는데 미국의 가수 솔트-앤-페파Salt-N-Pepa, 티엘씨TLC, 씨아라Ciara, 미시 엘리엇Missy Elliot 등의 뮤직비디오와 무대 영상에 등장한 여자 댄서들이 이미 걸스 힙합 스타일의 춤을 추고 있었던 것을 확인할 수 있다. 이를 통해 걸스 힙합은 미국의 힙합 음악과 댄스 등에서 영향을 받았으며 미국의 힙합 아티스트와 댄서들을 통해 시작되었음을 알 수가 있다.

이후 일본의 여자 댄서들이 섹시한 콘셉트를 따라 하기 시작하면서 그러한 스타일을 '걸스 힙합'이라고 명명하게 된다. 힙합 음악에 맞춰 여성스러움과 섹시한 콘셉트를 강조하는 스타일의 춤들이 한국과 일본, 대만과 중국 등 일부 아시아 지역에서 유행하면서 걸스 힙합이라는 이름이 자리를 잡게 되었다.

뉴욕 댄스 씬에서는 걸스 힙합이라는 명칭을 직접적

프리스타일 힙합 댄스

으로 사용하지는 않지만 '부티 댄스booty dance'라 부르는, 여성스러운 동작들을 특화해서 추는 춤들이 있다. 쇼 비즈니스 안무에도 많이 쓰이는 이러한 유형의 춤들을 프리스타일 힙합 댄스에서도 많이 찾아 볼 수 있다.

걸스 힙합의 의상 콘셉트
(걸스 힙합 댄스 팀 타미아)

서양 스트리트 댄스의 역사

프리스타일 힙합 댄스의 특징

① 힙합 패션

대표적인 힙합 패션

헐렁하고 편안한 디자인의 옷을 입는 것이 힙합 패션 스타일의 특징이다. 이러한 스타일을 추구하게 된 정확한 기원은 알 수 없지만, 일반적으로 많이 이야기되는 것들이 있다.

첫 번째는 할렘 빈민가의 노동자 계층에서 기원됐다는 설이 있다. 빈민 노동자의 2세들이 옷을 살 돈이 없어, 아버지가 입던 옷을 물려받아 입었던 데서 유래되었다는 것이다. 두 번째는 할렘에서 자란 아이들이 권총과 총탄, 마약을 최대한 많이 소지하기 위해 통이 넓고 주머니가 많은 바지를 찾게 되었고, 이것이 길거리 패션으로 자리 잡았다는 주장이다. 세 번째는 갱들과 관련된 유래다. 갱들이 감방에 수감되어 죄수복을 입을 때, 적정한 사이즈의 옷이 없어 큰 사이즈의 옷을 입고 생활하게 되었고 출소 이후에도 큰 사이즈가 익숙해진 탓에 바지가 속옷 아래로 흘러내릴 정도로 헐렁한 바지를 입고 다녔다고 추측하기도 한다. 마지막은 미국의 의류 시장과 관련된 이야기다. 80년대 말 미국 시장에는 많은 의류 브랜드가 출현했고, 세일이 성행해 90%까지 할인을 진행하기도 했다. 매장에서 상품이 거의 빠지고 나면 가난한 흑인들이 남아 있는 큰 사이즈의 옷을 사서 입었기 때문에 그게 문화로 정착했다는 것이다. 외에도 빈민가의 갱들이 브랜드 옷을 갖기 위해 남의 집 빨랫줄에 걸려 있는 옷을 훔쳐 입었다는 이야기도 있다. 대체로 힙합 패션은 흑인들의 가난했던 환경에서 기인한 것이라고 보는 시각이 많다.

서양 스트리트 댄스의 역사

② 댄서 인터뷰[52]

부다 스트레치(Buddha Stretch)

힙합과 그루브

1:40

록rock 댄스 우리는 이걸 가지고 비트 사이사이에 섞어요. 그럼 그루브[53]가 되죠. 자연스러워요. 몸이 자연스럽게 음악과 하나가 되는 방법이에요. 모든 게 포함되어 있어요. 멜로디, 금관, 베이스 모두 포함되어 있어요. 만약 누군가가 그루브가 뭐냐고 물어본다면 이게 바로 그루브예요. 힙합에 있는 모든 건 거기서 시작해요.

2:28

만약 그루브가 없다면 힙합이 아니에요. 제발 다른 이름을 가

---

52 <Buddha Stretch talks about MOPTOP, Life, Music, Dance, and Hip Hop. (Part 1/2)>, 《psyk》(https://youtu.be/R8qqqBjy5J0)

53 흑인들 특유의 생생하고 변화무쌍한 리듬감을 말한다.

프리스타일 힙합 댄스

져다가 쓰세요.

음악의 변화에 따른 춤의 변화와
힙합 댄스의 탄생 배경

7:12

이젠 더 이상 브레이크 음악에만 춤추지 않고, 랩 음악에도 춤을 춰요. 래퍼들이 관객을 상대하는 수준을 넘어서 음악과 하나가 되었어요. 라임이나 단어가 구체적이고 연결이 생겼어요. 래퍼는 노래에 맞춰 출 수 있는 음반을 내기 시작했죠. 왑, 해피 피트, 스머프⋯ 우리가 지금 아는 그런 춤 말이에요. 그런 춤을 가지고 섞어서 췄죠. 하지만 우리는 여전히 비보이, 파퍼, 로커였기에 그 모든 요소를 가지고 유행하던 춤과 섞었어요. 춤을 추던 음악은 랩이었고요. 그건 당시 문화를 반영했어요. 우리가 춤을 추는 음악이 힙합rap 음악 이었기에 춤도 자연스레 힙합이라고 불렀죠. 브레이크에는 힙합으로 춤추지 않았어요. 힙합 음악을 틀면 힙합을 췄고요. 그래서 힙합이라는 거예요.

서양 스트리트 댄스의 역사

부다 스트레치는 음악이 발전하면서 랩 음악 또한 같이 발전했으며, 브레이크 구간에서만 춤추던 것에서 랩 음악과 함께 춤추는 것으로 추세가 바뀌게 되었다고 말했다. 랩 음악에 맞춰 왑, 해피 피트, 스머프 등 유행하던 동작들로 춤을 췄고 브레이킹, 락킹, 파핑의 동작들도 힙합 음악에 맞춰서 춤을 추기 시작했다고 증언했다. 그의 발언을 통해 힙합 문화 안에 브레이킹이 있었으며, 그 다음 자연스럽게 프리스타일 힙합이 등장하게 되었다는 것을 알 수 있다.

프리스타일 힙합 댄스

하우스 댄스

POPPING
LOCKING
BREAKING
WAACKING
FREESTYLE HIPHOP
HOUSE
KRUMP
DANCEHALL

하우스 댄스의 정의

1980년대 중반, 빠르고 리드미컬한 하우스 음악이 유행하였고 그에 맞춰 추던 춤들이 하나의 스타일로 정립되기 시작했다. 하우스 음악의 특성상 다양한 스텝과 풋워크 동작들 위주로 발전하였고, 마치 북채(다리)로 북(무대)을 치는 느낌의 춤이 되었다. 이러한 스타일의 춤을 하우스 댄스라고 말한다.

하우스 댄스의 역사

하우스 댄스는 시카고의 웨어하우스 클럽Warehouse Club에서 처음 시작되었다. 시카고를 중심으로 성장하다가 1980년대 후반, 1990년대 초 뉴욕의 클럽으로 음악과 춤이 전파되고 그 당시 뉴욕을 중심으로 활동하던 수많은 댄서들을 통해 다양한 움직임과 접목되어 지금의 하우스 댄스 형태를 갖추게 된다.

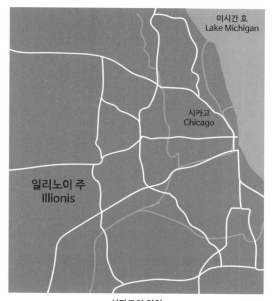

시카고의 위치

① 하우스 음악과 댄스의 탄생

하우스 음악은 1980년대 초반 시카고에서 포스트 디스코 댄스 클럽 문화에서 시작되었다. 하우스 음악은 일렉트로닉 신스 팝, 라틴, 소울, 덥, 레게, 랩, 재즈의 요소가 접목된 하이 템포의 전자 댄스 음악 스타일이다.

전 세계를 강타했던 디스코 음악의 유행이 점점 시들

어갈 때쯤 DJ 스티브 달Steve Dahl이 기획한 디스코 파괴의 밤Disco Demolition Night 행사를 계기로 디스코 음악의 시대가 막을 내리게 된다. 이 당시 뉴욕의 유명 클럽 로프트에서 디스코 음악을 즐기던 DJ 프랭키 너클스Frankie Knuckles는 시카고에서 처음 문을 연 웨어하우스 클럽에 스카우트되었고 본인이 사랑하는 디스코 음악들에 따로 에디팅을 해서 원곡을 더 드라마틱하게 연출해내기 시작했다.

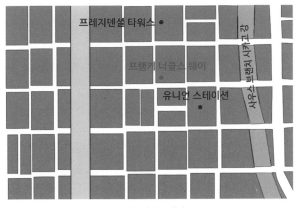

프랭키 너클스 웨이

시카고에서는 찾아볼 수 없었던 디스코 음반들에 사

운드 시스템과 여러 음향 효과를 더한 에디팅 기법을 사용하는 프랭키 너클스는 웨어하우스 클럽을 독보적인 인기 클럽으로 만들었다. 웨어하우스에서 나오는 음악들에 사람들은 열광하였고, 클럽에서 놀고 온 다음 날이면 레코드 숍에서 많은 사람들이 프랭키의 음악들을 찾기 시작했다. 그 당시 사람들은 웨어하우스의 음악들을 하우스 음악이라고 부르기 시작했고 이 음악은 여러 지역으로 퍼져 나갔다.

**웨어하우스 클럽(Warehouse Club)
(연출된 이미지)**

후에 하우스 음악은 기계적으로 반복되는 드럼 머신의 일렉트로닉한 비트와 신시사이저Synthesizer를 사용하여 디스코, 룸바, 살사 등의 라틴 음악들을 섞어 디스코보다 차가운 형태의 음악으

하우스 댄스

로 발전하게 된다.

댄스 퓨전Dancse Fusion의 세쿠Sekou는 한 인터뷰에서 웨어하우스에 대해 다음과 같이 평했다. "하우스 댄스, 하우스 음악, 하우스 문화에 있어서 '하우스'라는 용어는 '웨어하우스'에서 파생된 거예요. 이러한 음악은 특정한 장소에서만 틀었는데, 그 장소가 '웨어하우스'였어요."

대표적 인물

① 칼리프 셀러Caleaf Sellers

브루클린 출신인 칼리프 셀러(일명 빅 리프Big Leaf)는 어릴 때부터 댄스 테크닉을 개발하기 시작했다. 춤에 대한 그의 열정과 음악에 대한 사랑은 그를 30년 동안 이 문화와 함께하게 하였다. 칼리프는 1980년대 후반 뉴욕의 댄스 문화의 독창적인 선구자 중 한 명으로, 유명한 맙탑Moptop 유닛과 댄스 퓨전의 멤버이다. 칼리프는 힙합과 하우스를 혼합하여 자신만의 독특한 댄스 스타일을 만들었다.

서양 스트리트 댄스의 역사

칼리프 셀러(Caleaf Sellers)

칼리프는 하우스 댄싱 기술을 가르치며 전 세계를 여행하고 있다. 그의 목표는 크리에이터의 관점에서 동작의 기초, 기술 및 역사를 가르치고 공연을 통해 춤의 문화를 공유하는 것이다. 그는 미래 세대의 댄서들을 위해 문화를 생생하게 전파하는 데 전념하고 있다. 동시에 그는 저자와의 인터뷰에서 다음과 같은 말을 남겼다. "나는 발레와 모던 댄스 등 다양한 장르의 댄서들을 존중한다. 나의 춤에는 훌륭한 여러 댄서들에 대한 존경의 마음이 담겨 있다. 음악의 포인트에 반응하지 말고 음악 전체를 느끼며 너의 감각feeling으로 춤을 춰라."

하우스 댄스

② 이조 윌슨Ejoe Wilson

이조 윌슨은 70년대 후반 남부 브롱크스의 거리에서 춤을 추기 시작했다. 10대에 그는 할렘Harlem의 아폴로 극장Apollo Theater에서 치러진 아마추어 댄스 배틀에 참가해 4주 연속으로 우승했고 랩의 전설인 MC 라이트MC Lyte, 헤비 디Heavy D, 더 정글 브라더스The Jungle Brothers, 모니 러브Monie Love의 뮤직비디오 댄서로 활동하였다. 팝 그룹 디-라이트Dee-Lite, 더 펫 숍 보이스The Pet Shop Boys, 머라이어 캐리, 윌 스미스와 일본의 아무로 나이메, 주ZOO, TRF, 중국의 코코 리와도 함께 작업했다. 이조는 댄스 팀 엘리트 포스 크루의 멤버이며 전 세계를 여행하며 하우스 댄스 워크숍과 공연 활동을 하고 있고, 그는 현재 자신만의 기술과 스타일로 하우스 댄스의 정상에 있다.

③ 브라이언 그린Brian Green

풋워크Footwork라는 예명으로 잘 알려진 브라이언 그린은 안무가, 교사, 댄서로 활동하고 있다. 그는 7세 때부터 춤을 추기 시작해, 탭, 재즈, 발레, 모던, 아프리카

서양 스트리트 댄스의 역사

댄스를 공부하며 그의 춤을 성장시켰다. 1978에서 1980년경 그는 할렘에 거주하며 가족과 함께 지냈다. 그의 어머니는 허슬, 살사, 아프리카 댄스를 했고 그의 형은 비보이인 동시에 일렉트릭 부기 댄서였다. 더 많은 것을 배우기 위해 브라이언은 1983년에서 1984년 사이에 뉴욕의 언더그라운드 씬에 갔다.

1984부터 1986년까지, 그는 다양한 뉴욕의 클럽에서 프리스타일 로프트freestyle loft 및 클럽 하우스club house 문화를 경험했다. 1986년 데미안Demian과 마이크Mike를 만나 클러빙clubbing(일명 '하우스 댄스')을 시작했고, 87년에는 스팽키Spanky와 스토리Story라는 친구들이 그가 몰두할 수 있도록 영감을 주었다. 하우스 문화와 춤을 통해 결국 브라이언은 독특하고 매우 빠른 풋워크 스타일을 만들었다. 그는 뉴욕과 해외 언더그라운드에서도 명성을 얻었다.

지난 10년 동안 그의 가르침은 그가 미국, 유럽, 아시아, 아프리카에 널리 알린 펑크, 힙합, 하우스 문화의 춤 역사에 큰 영향을 미쳤다. 이 나라들에서 브라이언 그린은 수많은 댄스 경연 대회의 심사 위원으로 활동하며 진

하우스 댄스

정한 예술, 문화, 그리고 댄스의 본질을 알리려 노력하였다. 또한 미아Mya의 〈Free〉 뮤직비디오의 안무로 2001 ACAAmerican Choreographers Awards 뮤직비디오 부문 베스트 힙합 안무상을 수상했다.

하우스 댄스를 넘어 수많은 창조적인 움직임을 보여주는 브라이언은 저자와의 인터뷰에서 다음과 같은 말을 남겼다. "단순히 음악에 맞춰 춤을 추는 테크닉이 아닌, 춤을 추는 댄서의 철학이 담겨 있어야 진짜 하우스 댄스이다."

④ 브루클린 테리Brooklyn Terry

브루클린 테리는 뉴욕 브루클린에서 태어나고 자란 댄서로, 본명은 테리 라이트Terry Wright이다. 그의 어머니 데니즈 라이트Denise Wright는 어린 나이에 클럽을 자주 방문한 테리처럼 뛰어난 재능을 가진 댄서였다.

테리는 브루클린의 프로스펙트 하이츠 고등학교Prospect Heights High School에 다녔고 춤으로 상당한 명성을 얻었다. 21세에 전문 댄서로 경력을 쌓기 시작했고 전 세계 무대에서 활동하였다. 그는 엘리트 포스 크루의 일원이 되면서 더욱 유명해졌다.

TV 출연 및 머라이어 캐리, 윌 스미스, 릴 킴Lil Kim, 다 브랫Da Brat, 휘트니 휴스턴Whitney Houston과 같은 아티스트들과 함께 세계를 무대로 순회공연을 하였다. 또한 <저스트 데부> 및 <에스디케이SDK, Street Dance Kemp>와 같은 세계 최대 댄스 배틀의 심사 위원으로 참여하고 워크숍을 통해 많은 댄서들에게 지속적인 영향을 주고 있다.

브루클린 테리는 "나는 하우스와 힙합 댄스를 나눠서 생각하거나 별개로 생각하지 않는다. 나는 항상 힙합 컬처 안에서 살아왔고 나의 춤도 마찬가지이다."라고 저자와의 인터뷰에서 밝혔다.

⑤ 마저리 스마스Marjory Smarth

마저리 스마스(Marjory Smarth)

마저리 스마스Marjory Smarth는 하우스 씬이 생기기 시작할 때부터 춤을 춰 왔던 유일한 여성 댄서이다. 하우스 댄스의 공통된 파운데이션들이 있지만 틀에 얽매이지 말고 자신의 영혼을 담아 음악과 연결하여 다양하고 자유롭게 춤추라고 강조하는 자유로운 영혼의 소유자이다. 1980년대 후반 다이애나 로스, 세세 패니스턴CeCe Peniston 등과 함께 작업했다. 해외 댄스 투어와 다큐멘터리 출연 등 수많은 활동으로 하우스 씬의 선구자 역할을 한 댄서다.

하우스 댄스의 특징

하우스 댄스의 특징에 관해 이조 윌슨은 인터뷰에서 다음과 같이 말했다. "…하우스 댄스에는 세 가지 주요 요소가 있다. 그것은 바로 재킹jacking, 풋워크, 그리고 로프팅lofting이다. 우선 재킹은 시카고 웨어하우스 클럽에서 유행을 하였던 동작이다. …"

그 이외에 루스 레그loose leg, 스월swirl, 스케이팅 skating, 힐 앤 토heel & toe 등 스텝 위주의 다양한 동작들이 있다.

서양 스트리트 댄스의 역사

하우스 댄스

크럼프

POPPING
LOCKING
BREAKING
WAACKING
FREESTYLE HIPHOP
HOUSE
KRUMP
DANCEHALL

크럼프의 정의

크럼프KRUMP는 'Kingdom Radically Uplifted Mighty Praise'[54]의 약자로 타이트 아이즈Tight Eyez와 빅 미호Big Mijo 두 댄서에 의해 미국 캘리포니아 LA의 콤프턴Compton이란 도시에서 처음 만들어진 춤이다.

LA 지도

크럼프에서 하이프hype는 댄서와 관객이 서로 에너지를 주고받으며, 소통하는 행위이다. 타이트 아이즈는 한국 워크숍에서 '춤을 추는 사람의 하이프가 그것을 보는 사람들에게 전달이 되고 보는 사람들이 이것을 보고 다시 내뿜는 열기를 통해 다른 사람들에게 전달이 되는 하

---

54 신을 향한 강한 기도라는 의미로, 내면의 부정적인 에너지들을 춤으로 극복하고 긍정적으로 승화시키자는 취지의 치유 행위이자 신에 대한 찬양을 내포하고 있다.

서양 스트리트 댄스의 역사

이프를 공유하는 춤'이라고 크럼프를 정의하였다.

크럼프의 역사

① 크럼프의 탄생 - 클라운 댄스와 크럼프

크럼프는 1999년 타이트 아이즈와 빅 미호 두 댄서에 의해 처음 만들어졌다. 원래 클라운 댄스clown dance[55]를 추던 두 사람은 자신들만의 춤 스타일을 만들고자 동작

---

55 1992년 미국 캘리포니아 주의 댄서 토미 '더 클라운' 존슨Tommy 'The Clown' Johnson(이하 토미)에 의해 만들어진 춤이다. 토미는 감옥에 수감되어 있다가 출소한 후, 그가 거주하고 있는 지역의 어린아이들의 생일 파티에서 클라운을 시작했다. 그러던 중 흑인들의 생활 중 안 좋은 부분(살인, 폭행, 싸움 등)을 춤을 통해 변화시키고자 하는 취지에서 클라운 댄스를 만들었다. 춤의 특징으로는 페이스 페인팅과 광대 같은 옷을 입는 외형적 특징과 가슴과 골반을 튕겨 주며 리듬을 타는 동작적인 특징이 있다. 클라운은 당시 캘리포니아 주를 중심으로 퍼져 나가 50여 개의 클라운 팀이 활동했다고 알려진다. 크럼프의 창시자인 타이트 아이즈와 빅 미호 역시 크럼프를 만들기 전에는 클라운 댄서로 잠시 활동했다.(David LaChapelle, <RIZE>, 2005)

크럼프

들을 새로 정리하기 시작했고 이후 자신들이 정리한 춤 스타일을 와일드인 아웃wildin out[56]이라 부르기 시작한다. 이 당시에는 아직 타이트 아이즈와 빅 미호가 클라운 댄스 팀으로 활동했다는 점에서 와일드인 아웃을 하나의 춤 장르보다는 클라운 댄스의 여러 스타일 중 하나로 사람들은 인식했다. 매주 금요일마다 클라운 댄서들이 모여 진행했던 배틀 세션에서 타이트 아이즈와 빅 미호는 자신들의 춤 스타일을 선보였다.

2001년, 두 사람은 와일드인 아웃이란 표현 대신 크럼프라는 이름으로 자신들의 춤을 새롭게 부르기 시작했다. 크럼프는 엔터테인먼트적인 요소들을 추구하는 클라운과는 달리, 분노, 좌절감, 불만과 같은 여러 가지 부정적이고 진지한 감정들을 춤으로 표출하려고 했다. 춤

---

56 당시 토미와 타이트 아이즈가 거주하던 콤프턴 지역은 가난하고 치안이 좋지 않았다. 동네에는 갱단의 일원, 혹은 일원이었던 사람들이 많았고, 타이트 아이즈와 같이 가정 환경이 좋지 않았던 사람들 역시 많았다고 한다. 이러한 환경의 영향으로 인해 부정적 감정을 표현하여 해소하는 크럼프 댄스의 기본 취지가 생겨난 것으로 보인다.(David LaChapelle, 앞의 자료.)

서양 스트리트 댄스의 역사

의 형태 또한 당시 클라운 댄스와 비교하면 더욱 공격적이고, 강한 동작들을 선보였다. 이때 벌어진 중요한 사건 중 하나는 크렌쇼Crenshaw 대로에 위치한 식료품점 주차장에서 벌어진 클라운 댄서들과의 배틀이다. 겟 엠 업 클라운스Get 'em Up Clowns라고 알려진 이 클라운 댄스 팀과의 배틀 후부터 타이트 아이즈를 비롯한 크럼프 댄서들은 얼굴에 그림을 그리는 행위인 페이스 페인팅을 하지 않기로 한다. 그 이유는 페이스 페인팅이 자신들이 누구인지, 그리고 무엇을 하고 있는지 등 자신들의 정체성을 가린다고 생각했기 때문이다.

② 크럼프의 발전과 전파

이후 타이트 아이즈와 빅 미호는 더 카툰즈 패밀리The Cartoonz Family라는 크럼프 그룹에 들어가 활동하기 시작했다. 이들과 함께 활동하면서, 2003년 크럼프에 관련된 최초의 DVD인 <셰이크 더 시티 101Shake the city 101>을 제작했다. 같은 해에 시리 '닥터' 나심Shiri 'Doctor' Nassim과 만난 두 사람은 2004년, 최초의 인터넷 크럼프 커뮤니티인 크럼프 킹스Krump Kings를 만들었는데, 그 자체

크럼프

가 하나의 크럼프 댄스 팀으로서의 역할과, 크럼프 댄서들에게 크럼프에 관한 정보를 제공하는 커뮤니티로서의 두 가지 기능을 수행했다. 이를 통해 미국 내의 크럼프 전파를 넘어 현재 활동하는 전 세계 크럼프 댄서들에게 정확한 정보를 제공하고 워크숍, 행사를 주최하며 크럼프를 알리는 데에 큰 역할을 하였다. 크럼프 킹스는 크럼프 튜토리얼 DVD인 〈크럼프 골든KRUMP Golden〉시리즈를 발매하고, 댄스 배틀 행사인 〈케이지Kage〉를 주최하는 등 크럼프 발전에 힘쓰고 있으며, 크고 작은 세션 활동을 병행하며 홈페이지를 통해 다양한 정보를 공유하고 있다.

대표적 인물

크럼프의 발전과 변화는 주로 특정 크루들의 활동과 연결되어 있다. 크럼프 킹스의 활동이 저조해질 무렵, 타이트 아이즈는 크럼프 킹스로 활동하는 댄서들 중에서 몇몇을 모아서 2009년에 새로운 크럼프 팀인 스트리

서양 스트리트 댄스의 역사

트 킹덤Street Kingdom을 만들었다. 스트리트 킹덤은 현재까지 남아 전 세계 크럼프 씬에 큰 영향을 미치고 있다.

스트리트 킹덤은 크게 두 번에 걸친 팀원 변화를 겪었고 스트리트 킹덤에서 임팩트Impact라는 새로운 크럼프 팀이 독립하여 그들만의 활동을 시작했다. 임팩트가 그 당시 크럼프 댄서들에게 주목을 받았던 이유는 타이트 아이즈와 같이 크럼프를 만든 창시자인 빅 미호가 팀원으로서 같이 활동하기도 했다는 점이다.

스트리트 킹덤은 크럼프 씬에서만이 아니라 미디어를 통한 활동도 활발히 했다. 2011년 미국의 댄스 프로그램인 <아메리카 베스트 댄스 크루America's Best Dance Crew>의 6번째 시즌에 참가한 스트리트 킹덤은 마지막 네 팀Final 4까지 올라가는 좋은 활약을 펼쳤다. 또한 타이트 아이즈는 영화 <스텝업4 : 레볼루션Step Up Revolution>에 출연하기도 했다. 이와 같은 활동뿐만 아니라 세계를 돌아다니며 많은 워크숍을 통해 크럼프를 알리고 있다. 이들뿐만 아니라 동부 지역에 거점을 둔 이스트 스트리트 킹덤East Street Kingdom과 일본, 호주, 러시아, 그리고 남아프리카공화국에 각각의 스트리트 킹덤의 이름을 부여

크럼프

해 활동하면서 세계적인 규모의 팀으로 활동을 진행하며 크럼프 씬을 넓히는 데 기여했다.

크럼프의 특징

크럼프의 기본 동작으로는 발을 땅으로 밟는 스텀프stump, 가슴을 팅기는 체스트 팝chest pop, 또는 체스트 히트chest hit, 마지막으로 팔을 휘두르는 암 스윙arm swing이 기본 동작을 이룬다. 외에 자리를 이동하는 트래벌린travelin, 스텀프를 연속해서 사용하는 합hop, 웨이브, 또는 아이솔레이션 등을 사용하여 몸이 흘러가는 듯한 느낌을 주는 트랜스퍼trensfer 같은 응용 동작들이 있다.

여기에 쓰이는 히트, 팝의 용어와 테크닉은 파핑 댄스에서 차용하였고 웨이브와 롤, 바운스 등도 많이 쓰이는 형태로 보아 서부의 올드스쿨 댄스들로부터 창시자인 타이트 아이즈와 빅 미호가 많은 영감을 받은 것으로 보인다. 이러한 테크닉들의 접목을 통해 훨씬 강한 에너지를 뿜는 댄스로 크럼프는 발전하고 있다.

서양 스트리트 댄스의 역사

크럼프

댄스홀

POPPING
LOCKING
BREAKING
WAACKING
FREESTYLE HIPHOP
HOUSE
KRUMP
DANCEHALL

댄스홀의 정의

댄스홀의 발생지인 자메이카 밥 말리 해변(Bob Marley Beach)

댄스홀이라는 용어는 자메이카 음악 산업인 사운드 시스템이 성행했던 물리적 장소를 일컫는 말에서 유래되었으며, 댄스홀이라는 장소 안의 음악과 춤, 패션 등을 포괄하는 자메이카의 스트리트 컬처를 의미한다.

댄스홀의 역사

① 댄스홀과 사운드 시스템

1970년대 후반부터 1980년 초 자메이카는 마이클 맨

서양 스트리트 댄스의 역사

리Michael Manley의 '인민국가당People's National Party : PNP'
에서 에드워드 시가Edward Seaga의 '자메이카 노동당
Jamaica Labour Party : JLP'으로 정권이 교체되면서 정치, 사
회적으로 불안정한 상황이었다. 사람들은 사회적 상황
에서 오는 불안을 해소하기 위해 음악과 춤 등 스트리트
컬처에 더욱 빠져들게 되었다. 이러한 변화는 자메이카
음악 스타일에 영향을 미쳤다. 이후 댄스홀은 대중들에
게 인기를 끌었으며 리딤riddim[57]의 보급으로 인해 다양
한 믹싱 기술이 생겨났고 그로 인하여 자메이카만의 음
악 스타일이 만들어졌다.

자메이카 사운드 시스템은 제2차 세계 대전 이후
(1945년 이후) 킹스턴에서 시작되었다. 사운드 시스템은
공연 장비(턴테이블, 스피커 등)를 이용해 음악을 플레
이하는 셀렉터selector, 엔지니어, 디제이deejay로 구성된
집단을 일컫는다.

사운드 시스템에서는 몇몇 단어들이 일반적인 파티

---

57 리딤은 리듬rhythm의 자메이카 파투아 발음이며, 음악에 동반되
는 기본 반주 음악을 일컫는다.

사운드 시스템 스피커 앞에서 춤을 추는 모습

와는 다른 의미로 사용된다. 사운드 시스템의 디제이 deejay는 음악에 맞춰 랩과 멘트를 담당하는데 이는 힙합 장르의 MC와 비슷하다. 일반

사운드 시스템 스피커 앞에서 춤을 추는 모습

적인 디제이(DJ)의 역할은 셀렉터가 하며, 곡 위에 멘트나 즉흥적으로 노래를 하는 형식을 토스팅 toasting이라고 한다. 유-로이 U-Roy는 1960년대부터 자메이카 사운드 시스템에서 MC와 토스터/디제이 deejay로서 중요한 역할을 해왔으며 토스팅에 멜로디를 주입하며 '리듬을 타는' 스타일을 시작하였다.

서양 스트리트 댄스의 역사

더 좋은 사운드를 찾기 위해 사운드 시스템들 간의 경연(배틀)이 열리기도 하는데, 이를 사운드 클래시sound clash라 한다. 최초의 사운드 클래시는 1952년 톰 서배스천Tom Sebastian과 카운트 닉Count Nick의 경연이 그 시작으로 알려져 있으며 이후 듀크 리드Duke Reid와 콕슨 도드Coxsone Dodd와 같은 사운드 시스템들도 사운드 클래시를 통해 경쟁을 하기도 했다. 사운드 클래시는 자메이카에서 현재까지도 흥미로운 이벤트로 자리 잡고 있다.

사운드 시스템은 댄스홀 문화의 형성에 지대한 영향을 끼친 중요한 요소다. 자메이카의 대중음악은 1950년대 후반 스카, 록 스테디, 레게, 덥, 댄스홀의 흐름으로 발전하였다. 그 당시 모든 사람들이 라디오를 살 수는 없었기 때문에 초기 자메이카 사운드 시스템은 미국의 레코드를 들여와 플레이하며 빈민들에게 대중음악을 공급하였다. 이러한 역할을 한 사운드 시스템은 공동체를 위한 라디오 역할을 하게 되었고 이후 자체적으로 음악을 생산하기 시작하면서 댄스홀은 더욱더 흥행하기 시작했다. 대중음악적 성격이 강하기 때문에, 댄스홀은 파투아어를 사용한 가사와 리딤이 중점적으로 사용된다.

댄스홀

② 댄스홀의 발전과 전파

댄스홀 음악의 생산과 발전에 따라 댄스홀 공간 안에서 음악에 맞춰 춤을 추며 자연스럽게 댄스 스타일이 생겨나기 시작했다. 1970년대 후반부터 1980년대 초 생성된 댄스홀 문화가 자메이카 젊은이들에게 향유되다가 1980년대 후반에서 1990년대 초 댄서 보글Bogle이 등장하면서 지금 형태의 댄스홀 춤이 나타나게 되었다. 이후 댄스홀 춤은 파티와 무대를 더욱 활기차게 만드는 데 큰 역할을 했으며 다양한 춤 동작이 생겨나기 시작했다.

댄스홀 춤 동작은 시간과 공간에 제약받지 않으며 창작자의 의도에 따라 자연스럽게 만들어진다. 대부분 모든 춤 동작은 당시의 상황, 분위기에 맞는 독특한 이름이 붙여진다. 어떤 경우에는 음악에 맞추어 추기 위해 만들어지기도 하는데 이는 일상, 파티, 어디서든 발견할 수 있으며 음악의 변화에 따라 흐름 또한 자유롭게 변한다. 개인 또는 댄스 팀에 의해 만들어진 춤 동작은 자메이카 댄서들은 물론 각국의 댄서들에게 전파되며 발전되고 있다.

서양 스트리트 댄스의 역사

대표적 인물

① 댄서 보글Bogle

댄스홀 마스터라 불리는 자메이카 댄스홀 댄서 보글은 미스터 와키Mr. Wacky라 불리기도 한다. 본명은 제럴드 레비Gerald Levy이며 1964년 8월 22일 자메이카의 수도 웨스트 킹스턴West Kingston의 트렌치타운Trench Town에서 태어났다. 그는 보글 댄스bogle dance, 윌리 바운스willie bounce, 월드 댄스world dance, 와키 딥wacky dip, 어클 댄스urkle dance, 로그 온log on, 스투키stuckie, 세서미 스트리트sesame street, 로우 디 보트row di boat, 엘오와이LOY, 집 잇 업zip it up, 팝 유 칼라pop yuh collar, 아웃 앤 배드out and bad, 등 수많은 댄스홀 동작들을 만들었으며, 1980년대 자메이카 TV 쇼 <웨어 이츠 앳Where It's At'>과 1998년 영화 <벨리Belly>에 출연하며 활동하였다.

2005년 안타까운 사고로 세상을 떠났지만, 지금까지도 댄스홀 댄서들에게 영감을 주며 존경받는 인물로 기억되고 있다. 보글에 의해 만들어진 댄스홀 춤 동작은 엘리펀트 만Elephant Man, 비니 만Beenie Man, 알디엑스

댄스홀

RDX 등의 자메이카 아티스트들에게 영감을 주었고 아티스트들과 협업을 통해 그의 동작을 표현하는 음악을 만들기도 하였다.

아티스트, 곡명, 발매연도	음악의 제목과 가사에 포함된 동작(스텝) 명칭
비니 만(Beenie Man) <월드 댄스(World Dance)> 1995	'월드 댄스(world dance)'
부주 반톤(Buju Banton) <보글(Bogle)> 2001	'보글(bogle)'
엘리펀트 만(Elephant Man) <로그 온(Log On)> 2001	'로그 온(log on)'

서양 스트리트 댄스의 역사

보글&보이스 메일&델리 랭크스 (Bogle&Voice Mail&Delly Ranks) <웨 디 타임(Weh Di Time)> 2005	'지기(jiggy)', '웨디(weddy)', '버스 디 플레이스(buss di place)', '서머 바운스(summer bounce)', '워크 위드 디 바운스(walk wid di bounce)'
엘리펀트 만 (Elephant Man) <세서미 스트리트(Sesame Street)> 2005	'세서미 스트리트(sesame street)', '웨디 오어 웨디(weddi or weddy)'
엘리펀트 만 (Elephant Man) <윌리 바운스(Willie Bounce)> 2005	'윌리 바운스(willie bounce)', '와키 딥(wacky dip)', '아웃 앤 배드(out and bad)'
보이스 메일 (Voice Mail) <와키 딥(Wacky Dip)> 2007	'지기(jiggy)', '세서미 스트리트(sesame street)', '와키 딥(wacky dip)', '아웃 앤 배드(out and bad)', '윌리 바운스(willie bounce)'

댄스홀

엘리펀트 만 (Elephant Man) <보글 무브 (Bogle Move)> 2012	'보글(bogle)', '와키 딥(wacky dip)', '스투키(stukie)', '웨디(weddy)', '윌리 바운스(willie bounce)', '서머 바운스(summer bounce)'
알디엑스(RDX) <미스터 와키(Mr. Wacky)> 2015	'보글 댄스(bogle dance)', '와키 딥(wacky dip)', '집 잇 업(zip it up)', '엘오와이(LOY)', '서머 바운스(summer bounce)', '세서미 스트리트(sesame street)', '윌리 바운스(willie bounce)', '지기(jiggy)', '웨디(weddy)'

보글의 댄스홀 동작이 공식화되어 음악으로 만들어진 예

댄스홀의 특징

댄스홀 춤의 특징적 요소들을 쉽게 발견할 수 있는 곳은 댄스홀 파티이다. 댄스홀 댄서들은 거리 파티에 참여하여 다양한 스타일의 춤 동작을 선보인다. 그들은 자신을 돋보이게 하는 의상을 입고 새로운 춤 동작을 공유하며 파티를 이어 나가고 있다.

서양 스트리트 댄스의 역사

댄스홀 파티 모습

댄서들에게 댄스홀 음악은 많은 영향을 미쳤다. 음악의 가사, 제목, 주제에 따라 수행되는 움직임이나 동작이 달라지고, 댄서가 선택한 동작들은 댄서의 성별, 표현 의도에 따라 다양하게 활용되며 여러 스타일로 표현된다.

댄스홀 춤은 피메일female과 메일male 스타일로 나눌 수 있는데, 특히 자메이카 댄스홀에서는 그 경계가 아주 뚜렷하다. 더 정확히 말하자면 남성의 입장에서 더 명확하게 구별된다고 볼 수 있다. 여성 댄서는 두 가지 스타일을 모두 수행할 수 있지만 남성 댄서는 피메일 스타일의 춤 동작은 수행할 수 없다.

이는 자메이카의 호모포비아적 성향에 영향을 받은 것으로, 남성이 여성적인 행동을 하는 것이 문화적으로 터부시되고 있다. 예를 들어, 남성은 골반을 사용해 허리와 엉덩이를 회전시키는 와인wine 동작을 하지 않으며 스텝을 사용하는 동작들을 위주로 춤을 춘다. 하지만 여성은 와인 동작은 물론 메일 스타일도 수행할 수 있는 자유를 가진다. 이처럼 댄스홀 춤에서는 여성과 남성의 역할이 엄격하게 나뉜다. 외에도 남성과 여성이 커플 업 댄스를 추는 경우도 있는데 이때 남녀가 상호 작용을 하며 춤을 춘다. 댄스홀 파티에서 하나의 문화인 '대거링daggaring'을 통해 이를 발견할 수 있다. 오늘날 자메이카 스트리트 컬처를 대표하는 댄스홀은 자메이카를 넘어서 많은 사람들에게 각광받고 있다.

서양 스트리트 댄스의 역사

댄스홀

부록

POPPING
LOCKING
BREAKING
WAACKING
FREESTYLE HIPHOP
HOUSE
KRUMP
DANCEHALL

스트리트 댄스 연대표

시기	내용	비고
1960년대 중후반	오클랜드 부갈루/ 스트러팅/ 필모어(샌프란시스코 - 서부) 록(rock) 댄스(뉴욕 - 동부)	
1972년	캠벨락 댄서스 창단(돈 캠벨)	
1973년	락킹(더 락커스) 결성 및 〈소울 트레인〉 출연	
	DJ 쿨 허크 〈백 투 스쿨 잼〉	브레이킹을 중심으로 힙합 컬처가 시작
1970년대 중반	클럽 지노스 II 를 중심으로 펑킹 댄스 등장	
1975년	부갈루 샘에 의해 파핑이라는 용어 생성	
1977년	일렉트로닉 부갈루 락커스 결성	

서양 스트리트 댄스의 역사

1978년	일렉트로닉 부갈루 락커스가 <소울 트레인>에 출연하며 명칭을 일렉트릭 부갈루스로 변경	
1982년	플로어 마스터 크루가 뉴욕 시티 브레이커스로 개명	
1983년	<플래시댄스> 개봉	록 스테디 크루 출연
1984년	마이클 잭슨 <빌리 진(Billie Jean)>이 그래미 어워즈를 수상	
	<브레이킹> 개봉	
	<비트 스트리트> 개봉	
	프리스타일 힙합 등장	
	뉴욕 시티 브레이커스의 LA 올림픽 개막식 공연	

부록

1985년	뉴욕 시티 브레이커스의 레이건 대통령 취임식 축하 무대	
1980년대 중반	하우스 댄스 등장	
1980년대 후반	댄스홀 댄스 등장	
1991년	맙탑 크루 결성	
1992년	클라운 댄스 등장	토미 '더 클라운' 존슨
	엘리트 포스 크루 결성	
1999년	크럼프 등장	타이트 아이즈, 빅 미호

서양 스트리트 댄스의 역사

부록

흑인 음악(블랙 뮤직)과 스트리트 댄스의 상관관계표

시기	음악	댄스
1850년~	노동요 - 영가 - 가스펠	
1870년대	블루스	
1920년대	재즈	재즈 댄스
1960년대 (서부)	소울	스트리트 댄스 시작 오클랜드 부갈루, 스트러팅, 필모어, 락킹
1970년대	펑크	서부 : 파핑, 락킹, 와킹 동부 : 브레이킹
	디스코	서부 : 디스코 댄스와 와킹
1980년대 초중반	일렉트로 펑크	서부 : 일렉트로 파핑 동부 : 브레이킹
1980년대 중후반	하우스	동부 : 하우스
	힙합	동부 : 프리스타일 힙합 댄스 (맙탑 크루 - 1991년)
	댄스홀(자메이카)	댄스홀

서양 스트리트 댄스의 역사

| 1990년대 초 | 펑크, 힙합,
미디 음악 | 클라운 댄스(LA) - 1992년
와일드인 아웃 - 1999년
크럼프(LA) - 2001년 |

참고 자료

파핑

1. 부갈루의 유래, <부갈루의 유래(Boogaloo Origins)>, 《The Boogaloo Conservatory》, 2013-10-23(https://oaklandboogaloo. files.wordpress.com/2013/10/boogaloo-origins-1.pdf), (https:// en.wikipedia.org/wiki/Boogaloo)

2. <The Dance Moves>, 《The Boogaloo Conservatory》(https:// oaklandboogaloo.com/the-dance-moves)

3. 더 블랙 리서전트 사진, <The Black Resurgents(Oakland Boogaloo 1976)>(https://youtu.be/fRokapZtCeU)

4. 더 블랙 리서전트 사진, <Boogaloo Originals: The Black Resurge nts at 50>, 《Oakland Public Library》, 2021-10-21(https://oaklandlib rary.org/blogs/post/boogaloo-originals-the-black-resurgents- at-50/)

5. William Randolph와 그의 형제 Vic Randolph 사진, <Oakland's original boogaloos speak out, in hopes of reclaiming their culture>,

서양 스트리트 댄스의 역사

《The Oaklandside》, 2020-8-18(https://oaklandside.org/20
20/08/18/oaklands-original-boogaloos-speak-out-in-hopes-of-
reclaiming-their-culture/)

6. 더 블랙 리서전트 사진, <The Black Resurgents: "Through The
Years">, 《1BRFilms1》(https://youtu.be/aEiqwQl_AfE)

7. 더 블랙 메신저스 척 파웰 인터뷰, <OURTV Boogaloo Dance
History Oakland CA Chuck Powell>, 《BAY AREA BLOCK
REPORT》(https://youtu.be/0igIdNXtiEc)

8. 데몬스 오브 더 마인드 인터뷰, <Interview with Medea Sirkas
aka Demons of the Mind>, 《Onecypher》, 2005-1-3(http://www.
onecypher.com/2005/01/03/interview-with-medea-sirkas-aka-
demons-of-the-mind/)

9. 데몬스 오브 더 마인드 인터뷰, <The History of Bay Area Hip Hop
Dance: Roboting, Strutting, Boogaloo & Funk>, 《Hip Hop and
Politics》, 2013-12-16(https://hiphopandpolitics.com/tag/demons-
of-the-mind/)

10. 데몬스 오브 더 마인드 사진, 《Demons of the Mind Facebook》

(https://facebook.com/people/Demons-of-the-Mind/1000
63788312252/)

11. 부갈루 샘 인터뷰, <Boogaloo sam BTS interview>, 《Seo SEO》
(https://youtu.be/sXI1RRTG_Mc)

12. <소울 트레인>(https://en.wikipedia.org/wiki/Soul_Train)

13. 파핀 피트(https://en.wikipedia.org/wiki/Popin%27_Pete)

14. 슈가 팝(https://en.wikipedia.org/wiki/Suga_Pop)

15. 미스터 위글스(https://en.wikipedia.org/wiki/Mr._Wiggles)

16. 미스터 위글스 인터뷰, <Mr Wiggles: The Origins of Threads and
Spideman Footwork>, 《B-Boy & B-Girl Dojo》(https://youtu.be/
YsyqrJSf9fo)

17. 밥핀 안드레 인터뷰, <HIS-STORY - BOPPIN' ANDRE>, 《JAJAvank
ova》(https://youtu.be/NlOaoPdtM4w)

18. 부갈루 슈림프(https://en.wikipedia.org/wiki/Michael_Chambers)

서양 스트리트 댄스의 역사

19. 실즈 앤 야넬(https://en.wikipedia.org/wiki/Shields_and_Yarnell)

20. 파핑 댄스 스타일(https://hiphopdance.fandom.com/wiki/Popping)

21. 파핑 댄스 스타일, <What Is Popping?(Popping Dance)>, 《STEEZY Blog》, 2022-12-16(https://www.steezy.co/posts/what-is-popping-dance)

22. 일렉트릭 부갈루스 홈페이지(www.electricboogaloos.com)

락킹

1. 락커레전드 홈페이지(https://www.lockerlegends.org)

2. 더 락커스 사진, <West Coast Moves>, 《GREG WILSON Blog》, 2010-11-4(https://blog.gregwilson.co.uk/tag/the-lockers/)

3. 로봇 셔플, <The Robot Shuffle | Buddha Stretch Locking Vocabulary>, 《Online Dance Tutorial Group》(https://youtu.be/cc1EU-gXLa8)

4. 돈 캠벨의 아들 데니스 더블 데인히 페이스북 글 참고, 《Dennis Ddouble Danehy Facebook》(https://www.facebook.com/dennis.danehy/posts/10207857 111205672), (https://www.facebook.com/dennis.danehy/posts/10207 857121045918)

5. 돈 캠벨과 다미타 조 프리먼 <소울 트레인> 참가 영상, <Don Campbellock Campbell & Damita Jo Freeman interview with Don Cornelius>, 《cep10》(https://youtu.be/RoH1VGA9-oE)

6. 토니 배질 - <Toni Basil>, 《Sonny Watson's StreetSwing.com》(https://www.streetswing.com/histmai2/d2basil_toni1.htm)

서양 스트리트 댄스의 역사

7. 미스터 펭귄 TV 시트콤 <What's Happening> 출연 장면, <Best of Rerun!!!>, 《DBow2011》(https://youtu.be/6WuzQX8DQxw)

8. 스쿠비 두 인터뷰, <Master Locker Jimmy 'Scoo B Doo' Foster Interview(Guest Host Lil B)>, 《Funkd Uptv》(https://youtu.be/YnG1gcNOsOM)

브레이킹

1. 제프 창, 『힙합의 역사:멈출 수 없는 질주』 음악세계, 2017, 118쪽

2. Kurt Snibbe, "Riverside: Break dance legend Ken Swift coming to UCR", The Press-Enterprise, 2016

3. Israel, <The Freshest kids : the history of the b-boy>, 2002, 01:36:35

4. <What is Uprocking>, 《Dance Tutors》, 2013-1-10(https://www.dancetutors.co.uk/Uprocking.html)

5. DJ 쿨 허크, 《DJ Cool Herc》(https://www.djkoolherc.com/)

6. 리키 플로레스와 촐리 록(https://i-d.vice.com/en/article/ev3v4z/exploring-the-birth-of-the-b-boy-in-70s-new-york)

7. Danny Boy 록 댄스 인터뷰, <Talking Rock | Danny Boy>, 《Vitamin Vision TV》(https://www.youtube.com/watch?v=Zv90U5KINzk&t=29s)

8. 비보이의 역사, Israel, <The Freshest kids : the history of the b-boy>, 2002(https://www.youtube.com/watch?v=RxoWyGFSGuk)

9. <배틀 오브 더 이어> 역대 우승 팀(https://www.boty-worldfinals-usc.com/)

10. 《Korean roc》채널의 줄루 킹즈 에일리언 네스(Alien ness) 인터뷰(https://defjay.tistory.com/62)

11. Alien ness가 운영하는 블로그(http://alienness.blogspot.com/2010/10/zulu-kingz-were-created-on-same-day.html)

와킹

1. 빅터 마노엘 인터뷰, <INTERVIEW WITH VIKTOR MANOEL>, 《Waacking Sharing》(https://youtu.be/_SDxqnxHpvM)

2. 제프리 다니엘 인터뷰, <Jeffrey Daniel Exclusive Talks | Tyrone Proctor & Waacking | Part 2>, 《Princess Lockerooo》(https://youtu.be/v5wtk1_yadA)

3. 와킹의 역사, <The History of Waacking>, 《Brut America》(https://youtu.be/mKss_aPM4TY)

4. 타이론 프록터 인터뷰, <Face of house - Tyrone Proctor part 1>, 《Soulmanvision》(https://youtu.be/MuYwVHrUUSs)

5. <WHAT IS WAACKING?>, 《Kumari Suraj》(https://youtu.be/l62XRkUym2Q)

6. 아치 버넷, <Archie Burnett>, 《Peridance》(https://www.peridance.com/facprofile.cfm?FID=580&name=___Archie_Burnett)

7. 디스코 음악(https://en.wikipedia.org/wiki/Disco_Demolition_

서양 스트리트 댄스의 역사

Night)

8. 펑크 음악(https://ko.wikipedia.org/wiki/%ED% 8E%91%ED% 81%AC)

9. 도나 서머(https://ko.wikipedia.org/wiki/%EB%8F%84%EB%82%9 8_%EC%84%9C%EB%A8%B8)

10. 다이애나 로스(https://ko.wikipedia.org/wiki/%EB%8B%A4%EC% 9D%B4%EC%95%A0%EB%82%98_%EB%A1%9C%EC%8A%A4)

11. 티나 터너(https://ko.wikipedia.org/wiki/%ED%8B%B0%EB%82% 98_%ED%84%B0%EB%84%88)

12. 타이론 프록터 인터뷰, <Interview of Tyrone Proctor>, 《Barce lona Dance》(https://barcelona-dance.com/reportajes/Waacking-TyroneProctor-Eng1.php)

프리스타일 힙합

1. 폴 에드워즈 저, 최경은 역, 『힙·투·더·합, 힙합!』 한스미디어, 2015, 250쪽

2. 이다혜, 「뉴 잭 스윙(New Jack Swing)의 음악적 스타일 연구 : 테디 라일리(Teddy Riley)와 베이비페이스(Babyface)의 작품을 중심으로」, 경의대학교 석사 논문, 2019, 6쪽

3. 이지현, 정은숙, 「힙합패션의 유행요인과 특성에 관한 연구」, 『服飾』 44호, 한국복식학회, 1999, 92-93쪽

4. <힙합 에볼루션>, 《Netflix》, 2016~2020

5. 강일권, <알앤비 1부 - 뉴잭스윙(New Jack Swing)/힙합소울(Hip-Hop Soul)>, 《BUGS! 뮤직포스트》, 2013-12-10 (https://music.bugs.co.kr/musicpost/36)

6. 뉴 잭 스윙(https://ko.wikipedia.org/wiki/%EB%89%B4_%EC%9E%AD_%EC%8A%A4%EC%9C%99)

7. 엘리트 포스 크루 홈페이지 및 로고 사진(http://www.eliteforce

crew.com/)

8. 부다 스트레치 인터뷰, <Buddha Stretch talks about MOPTOP, Life,
    Music, Dance, and Hip Hop. (Part 1/2)>, 《psyk》(https://youtu.be/
    R8qqqBjy5J0)

9. <WRECKIN SHOP(Live from brooklyn)>, 《Mason Rose Presents》
    (https://youtu.be/zUAuCQN-AJI)

10. Buddha Stretch, Henry Link, Caleaf Sellers, <New School
    Dictionary>, JAPAN ADHIP, 2008

11. 루스 조인트, <Jamel "Loose Joint" Brown>, 《Get loose studio》
    (https://www.getloosestudio.com/wilderness)

12. 부다 스트레치 인터뷰, <Buddha Stretch | Talk about Hiphop Cult
    ure & Freestyle Hiphop Dance>, 《Golden era of Hiphop》(https://
    www.youtube.com/watch?v=FrvV5Mj7IsY)

13. 맥스 세이지로의 마퀘스트 인터뷰, マックスセイジロー, <生ける
    HIP HOP界の伝説.Marquestスペシャルインタビュー!>, 《Dews》,
    2021-10-25(https://dews365.com/archives/53655.html)

하우스

1. 칼리프 셀러, <Caleaf Sellers>, 《Peridance》(https://www.peridance.com/facprofile.cfm?FID=782)

2. 칼리프 셀러 인터뷰, <Caleaf Sellers>, 《Snowflake Productions》(https://www.youtube.com/watch?v=0uMGNvplM4U)

3. 하우스 음악, <일렉트로닉-하우스-장르소개>, 《BUGS! 장르》(https://music.bugs.co.kr/genre/pop/elec/house?tabtype=6)

4. 댄스 퓨전 세쿠 인터뷰, <세쿠(Sekou Heru) - 하우스 음악, 하우스 댄스 문화>, 《June Jung》(https://youtu.be/uu3FsT-UCUM)

5. <많이 들어봤지만 생소했던 장르 | House(하우스) 이야기>, 《우키팝》(https://youtu.be/jvPktQ9Z9FU)

6. <전설의 댄서 마조리(Marjory Smarth)>, 《June Jung》(https://youtu.be/_jiHePDTAt4)

7. 이조 윌슨, <Ejoe Wilson>, 《Broadway Dance Center》(https://www.broadwaydancecenter.com/faculty/ejoe-wilson)

서양 스트리트 댄스의 역사

8. 브루클린 테리, <Brooklyn Terry>, 《Broadway Dance Center》
   (https://www.broadwaydancecenter.com/faculty/brooklyn-terry)

9. 브라이언 그린, <Brian Green>, 《Broadway Dance Center》(https://
   www.broadwaydancecenter.com/faculty/brian-green)

크럼프

1. David LaChapelle, <RIZE>, DVD, 2005

2. 스트리트 킹덤, Ryan Parker, <Krump Theology: Street Kingdom,
   Faith, and America's Best Dance Crew>, 《Patheos》, 2011-5-23
   (https://www.patheos.com/blogs/poptheology/2011/05/krump-
   theology/)

3. Mark Saint Juste, <Shake City 101>, 2003

댄스홀

1. Donna P. Hope, 「Dancehall : Origins, History, Future」, Groundings, 2011

2. 김수정, 박성진, 「자메이카 댄스홀 음악과 춤의 상관성에 관한 체험적 고찰」, 『대한무용학회논문집』 79호 2권, 대한무용학회 2021, 1-14쪽

3. 자메이카 사운드 시스템 문화 part. 2, <Founding Fathers(Jamaican Sound System Culture) Pt. 2>, 《Kultur Media》, 2021-12-26(https://kultur.media/en/issue/founding-fathers-jamaican-sound-system-culture-pt-2/)

4. One Love Festival 페이스북 페이지, 《One Love Festival Facebook》(https://www.facebook.com/142417354416/posts/the-idea-of-sound-clash-took-hold-as-early-as-1952-the-first-known-sound-clash-w/10156114263179417/)

5. <Dancehall Documentary, Ep. 1 : "Back to basics">, 《Jessica AK》(https://www.youtube.com/watch?v=YmFyEVE1hDI)

저자 직접 인터뷰

팝 '앤' 타코(파핑), 스키터 래빗(파핑), 파핀 피트(파핑), 미스터 위글스(파핑, 힙합, 브레이킹), 슈가 팝(파핑, 락킹), 그렉 캠벨락 주니어(락킹), 토니 고고(락킹), 알파 오메가 앤더슨(락킹), 롤리팝(락킹, 와킹), 빅터 마노엘(와킹), 아치 버넷(와킹, 보깅), 비보이 스톰(브레이킹), 헨리 링크(힙합), 부다 스트레치(힙합), 트위티 부기(걸스 힙합), 칼리프 셀러(하우스), 브라이언 그린(하우스), 브루클린 테리(하우스), 플랫 탑(파핑), 미스터 스무스(Mr. Smooth)(파핑)

연구 팀 인터뷰

OG 스키터 래빗, OG 마이크(오클랜드 부갈루), 척(오클랜드 부갈루), 머니비(오클랜드 부갈루), 샤바-두(락킹, 와킹), 이조 윌슨, 킹업록, 더 블랙 메신저스

연구 참여

국민대학교 일반대학원
공연영상학 박사 천성욱

국민대학교 일반대학원
공연영상학 박사 김의영

한양대학교 일반대학원
공연예술학 박사 이지훈

국민대학교 일반대학원
공연영상학 박사수료 김수정

한양대학교 일반대학원
공연예술학 박사수료 유길헌

한양대학교 일반대학원
공연예술학 박사수료 이주연

한양대학교 일반대학원
공연예술학 박사수료 김수연

한양대학교 일반대학원
공연예술학 박사수료 박수현

한양대학교 일반대학원
공연예술학 박사수료 이초록

한양대학교 일반대학원
공연예술학 박사수료 전경배

한양대학교 일반대학원
공연예술학 박사수료 박보영

한양대학교 일반대학원
공연예술학 박사수료 백다예

한양대학교 융합산업대학원
실용무용학 석사 권오승